이 책을 펼친 너에게 전하는 짠소리

오늘도 책상에 앉아 몸을 배배 꼬는 아이야,
한석봉인냥 앉아 보자.
자꾸 꼬다 보면 뱀 된다.

명문장이 뭔지도 모르고 책상에 앉은 아이들아,
영문도 모르고 명문장을 따라 쓰라니 답답하기도 하겠지?
10분만 해 보자.
엄마도 즐겁고, 아빠도 뿌듯하고, 너도 곧 웃게 된다.

졸린 눈 비비대며 눈을 크게 뜬 아이야,
이제 정신을 차려 보자.
보이는 족족 소리 내어 읽어 보자.
어렵지 않단다.
잠깐이면 된단다.

하얀 바탕에 알록달록한 글씨가 어지럽거든
또박또박 읽고 찬찬히 쓰면서 순간순간 생각해 보자.
어느 순간 그 글이 가슴에 와 박히면
너에게 하나뿐인 명문장이 된다.

옆에 계신 부모님이 글씨 타박하시거든
최선을 다하고 있으니 잠시만 기다려 주십사 부탁드려 보자.
지렁이 기어가듯 삐뚤거리던 글씨도
어느새 용 된다.

어려워 말고, 지루해 말고, 힘들어 말고
하루에 한 문장씩만 써 보자.
어제보다 멋지고, 오늘보다 지혜로운
네가 된단다.

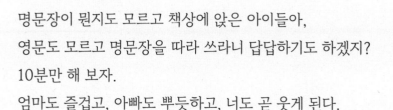

기적의 명문장 따라쓰기

논어 편

초등 3학년 이상~

길벗스쿨

책 읽기에는 세 가지 방법이 있습니다. 먼저 눈으로 읽기, 이를 목과(目過)라고 합니다. 다음으로는 입으로 소리 내서 읽기, 이를 구과(口過)라고 하지요. 마지막으로 손으로 직접 쓰면서 읽는 방법이 있습니다. 이를 수과(手過)라고 합니다. 선현들은 입을 모아 말합니다.

> "눈으로 읽는 것은 입으로 소리 내어 읽는 것만 못하고,
> 입으로 소리 내어 읽는 것은 손으로 직접 쓰면서 읽는 것만 못하다."

또한, 조선시대 최고의 독서왕인 이덕무도 다음과 같이 말합니다.

> "책은 눈으로 보고 입으로 읽는 것이 손으로 써 보는 것만 못하다.
> 대체로 손이 움직이면 마음이 반드시 따라가기 마련이다.
> 스무 번을 보고 외운다 해도 한 차례 베껴 써 보는 효과만 같지 못하다."

손으로 직접 쓰면서 읽는 방법이야말로 최고의 독서 방법이자, 생각의 힘을 키우고 두뇌 활동을 돕는 데 매우 효율적인 방법인 것입니다.

이 책은 이러한 점을 반영하여 어린이들의 두뇌 발달을 돕고 지혜롭고 바른 어린이로 자라도록 도와주고자 만들었습니다. 많은 연구를 통해 세계 여러 학자들이 손으로 직접 글을 쓰는 행위가 뇌세포 활동을 자극시켜 두뇌 발달을 돕고 차분한 정서를 만드는 데에도 무척 효과적이라는 사실을 밝혀 주고 있습니다. 평생 독서를 가장 중요한 가치로 여긴 선현들이 손으로 직접 쓰는 필사(筆寫)를 중시한 것도 다 그럴 만한 과학적 이유가 있었던 것입니다.

손으로 따라쓰기의 대상으로 동양 최고의 고전인 《논어》를 선택했습니다. 《논어》는 공자의 가르침을 담은 책입니다. 공자는 유학자들의 정신적 기둥이었으며 공자의 말은 모든 삶의 기준이자 예법의 길잡이였습니다. 지금 이 시대에도 공자의 가르침은 유효하며 많은 사람의 귀감이 됩니다. 따라서 《논어》를 배우는 것은 고전의 핵심을 이해하는 것이기도 합니다.

매번 책을 만들 때마다 어떻게 하면 어린이들에게 쉽고 흥미롭게 내용을 전달할까를 고민합니다. 《논어》의 문장이 훌륭하다 해도 읽는 이가 이해하지 못한다면 소용이 없으니까요. 그리하여 우선은 어린이 눈높이에서 이해할 수 있는 문장을 골랐습니다. 《논어》의 중요한 알맹이를 담고 있으면서도 어린이 수준에서 꼭 배우면 좋은 문장을 선정하려고 정성을 기울였습니다. 나아가 어린이 입장이 되어 일상생활에서 경험하고 부딪힐 수 있는 예화를 적극 활용하여 명문장의 뜻을 쉽고 친근하게 풀이하고자 했습니다.

어린이 책을 쓸 때마다 느끼는 것이지만 쉽게 풀어 쓴다는 것은 참 어려운 일입니다. 깊은 사상을 담고 있는 《논어》의 구절을 정확하고 쉽게 이해시키기란 녹록치 않았습니다. 하지만 최선을 다해 이해하기 쉽게 해석하기 위해 노력했습니다. 그러면서도 독자들의 지식 교양 수준을 높여 주고 싶은 마음에 '생각 넓히기' 코너를 만들었습니다.

이 책은 《기적의 한자 학습》, 《기적의 유아 한자》에 이어 길벗스쿨에서 내는 저자의 세 번째 저술입니다. 신경아 편집자와 함께 즐겁고 유익한 책을 만들기 위해 최선의 노력을 다했습니다. 이 책을 활용하는 어린이가 한 자 한 자 또박또박 필사를 할 때마다 지혜롭고 생각이 깊은 어린이로 자라 가는 행복한 상상을 해 봅니다. 부모님과 자녀가 함께 《논어》의 명문장을 낭랑한 목소리로 소리 내어 쓰는 가운데 건강한 웃음이 넘쳐나는 가정이 되길 진심으로 기원합니다.

푸르른 6월에 **박 수 밀**

필사(筆寫)의 힘

바야흐로 스마트폰과 인터넷이 일상이 된 시대입니다. 타닥타닥 키보드를 두드리기만 하면 수많은 정보가 쏟아져 나오고 스마트폰을 톡톡 가볍게 터치하면 친구와 대화를 즐길 수 있습니다. 두드리고 터치하기만 하면 손쉽게 글자를 쓸 수가 있는데, 굳이 힘들여 가며 손으로 글씨를 쓸 필요가 있을까 하는 생각을 할 수도 있습니다.

그러나 많은 실험 결과들은 손으로 글씨를 쓰면 두뇌 발달에 도움이 된다고 말합니다.

[실험 1] 미국 워싱턴 대학의 버지니아 버닝거 박사는 초등학생들을 나누어 프린트 하기, 손으로 직접 쓰기, 자판기 두드리기의 실험을 했습니다. 그 결과 손으로 직접 쓰는 아이들이 키보드를 사용하는 아이들보다 더 많은 단어를 더 빠른 속도로 사용하고, 더 풍부한 생각을 표현한다는 사실을 확인했습니다.

[실험 2] 미국 인디애나 대학의 심리학자인 카린 제임스 박사는 읽기와 쓰기를 배우지 않은 어린이들을 세 그룹으로 나누어 글자와 도형을 보여 주는 실험을 했습니다. 각 그룹의 아이들에게 자신이 본 이미지를 점선을 따라가며 그리거나 직접 손으로 쓰거나 키보드를 이용해 컴퓨터에 입력하도록 했습니다. 그 결과 손으로 글자를 쓴 아이들에게서 읽기·쓰기를 할 때 활성화되는 뇌의 활동이 활발해진다는 사실을 발견했습니다. 직접 손으로 쓴 글씨는 행동의 처음 단계부터 '계획과 행동'을 요구하고 행동의 변동 가능성도 높다는 결과가 나왔습니다.

[실험 3] 캐나다 오타와 대학 재활치료학과의 카차 페더 교수에 따르면, 쓰지 않고 암기하는 것에 비해 펜으로 노트 필기를 할 때 공부한 것을 더 쉽게 떠올릴 수 있다고 했습니다. 뇌의 순환이 손으로 직접 글을 쓸 때 활성화되기 때문입니다.

이 외에도 손으로 직접 글씨를 쓰면 뇌 발달에 큰 도움을 준다는 연구 결과들이 속속 나타나고 있습니다. 많은 심리학자와 신경학자들은 손으로 글씨를 쓰면서 배운 아이들이 읽기도 빨리 배울 뿐 아니라 아이디어를 생각해 내고 정보를 얻는 능력이 더 뛰어나다고 주장합니다.

사람의 뇌에는 손과 연결된 신경세포가 가장 많습니다. 그래서 손가락을 많이 움직이면 뇌세포의 활동을 자극해서 두뇌 발달을 돕게 되는 것입니다. 치매 예방을 위해 손으로 하는 운동을 권장하는 이유도 이와 같은 데에 있습니다. 손끝에 힘을 주고 손가락을 세심하게 움직이며 글씨를 쓰다 보면 자신도 모르는 사이 두뇌 활동이 활발해져 종합 사고력이 발달하게 됩니다. 또한 손으로 글을 쓰는 것이 익숙해지면, 어린이들은 글씨를 어떻게 쓸지 걱정하는 대신 글의 주제와 구성 등에 더욱 집중할 수 있어 글쓰기에 자신감을 얻게 됩니다.

이뿐만이 아닙니다. 손으로 글씨를 쓰면 마음이 차분해지고 생각하는 힘을 기를 수가 있습니다. 키보드를 두드리게 되면 쓰는 속도가 빨라 생각할 시간이 없습니다. 하지만 손으로 한 글자 한 글자 눌러 쓰는 일에는 물리적인 시간과 정성이 필요합니다. 덕분에 손으로 쓰는 동안 생각하는 시간이 생깁니다. 사각사각 연필 소리를 들으며 글씨를 옮기는 가운데 마음이 차분해지고 집중력이 높아집니다. 또 손으로 직접 글씨를 쓰면 지우기 어렵기 때문에 한 번 더 고민해 가며 정성스럽게 쓰는 과정에서 생각하는 힘이 길러집니다. 생각을 정리하는 습관을 갖는 가운데 자연스럽게 논리적으로 생각하는 능력까지 키우게 됩니다.

책의 내용을 손으로 따라 쓰는 것을 필사(筆寫)라고 합니다. 붓으로 베껴 쓴다는 뜻이죠. 필사는 느림과 여유의 미학입니다. 오늘날과 같은 디지털 시대에는 손으로 천천히 글을 쓸 일이 별로 없습니다. 그러나 손으로 직접 쓰는 필사가 주는 이익은 결코 작지 않습니다. 조금 더 느린 대신, 머리가 좋아지고 생각하는 힘을 키우며 차분한 정서를 갖는 어린이로 자라납니다. 손으로 글씨를 쓰면 따뜻한 감성과 인성을 키울 수 있고, 이에 따른 풍부한 학습 효과가 수반됩니다. 그리고 그냥 손으로 옮겨 쓸 때보다 입으로 소리 내면서 쓰면 더더욱 효과가 좋습니다.

논어(論語)란 어떤 책인가?

세상에는 수많은 고전이 있습니다. 그 수많은 책 가운데 왜 하필이면 《논어》일까요?

우리나라에서 과거에 가장 큰 영향을 끼친 고전은 유학의 경전인 사서삼경입니다. 그 가운데서도 《논어》는 가장 중요한 책으로 인정받았습니다. 말하자면 책 중의 책이었습니다. 옛사람들이 예절을 지키는 기준이 되었고 선비들의 삶의 지침이 되는 역할을 했습니다. 공부하는 선비는 반드시 《논어》를 읽었고 과거 시험을 준비할 때에도 꼭 읽어야 하는 필독서였습니다. 서당에 다니는 어린이들은 반드시 《논어》를 읽으면서 책 속에 담긴 인성 교육을 받고 예절을 익혔습니다. 그러므로 우리가 《논어》를 배운다는 것은 고전의 가장 중요한 정신을 배우는 것이기도 하고 옛사람들의 지침이 되는 생각을 배우는 것이기도 합니다. 도대체 《논어》가 어떤 내용을 담고 있기에 옛사람들이 그토록 중요하게 여긴 것일까요?

《논어》는 공자의 가르침을 담은 책입니다. 공자는 세계 4대 성인 중의 한 사람으로 우리 동양 사회에서 유학의 우두머리인 사람입니다. 고전 시대에 모든 길은 공자의 말로 통했습니다. 유학자들에게는 공자의 말이 절대 진리였고 공자는 유학자들의 정신적인 스승이었습니다.
그런데 《논어》는 공자가 직접 쓴 책은 아닙니다. 공자가 죽은 뒤에 그의 제자들이 공자의 말과 생각을 정리한 것입니다. 공자의 혼잣말을 기록한 것도 있고, 공자와 제자 사이의 대화도 있으며, 공자에게 들은 말도 기록되어 있습니다. 공자가 사람들에게 전한 말도 있고, 제자들끼리의 대화도 있습니다. 《논어(論語)》의 뜻도 제자들이 '서로 논의[論]하여 편찬한 말[語]'이란 뜻입니다.

논어는 모두 20편으로 이루어져 있습니다. 맨 처음 〈학이(學而)〉부터 시작하여, 〈위정(爲政)〉, 〈팔일(八佾)〉, 〈이인(里仁)〉, 〈공야장(公冶長)〉 등의 순서로 진행되다가 맨 마지막엔 〈요왈(堯曰)〉 편에서 끝납니다. 각 편의 제목은 심오한 뜻이 담긴 것은 아닙니다. 각 편의 첫마디를 따와서 제목을 달았을 뿐입니다. 예를 들어, 첫 편인 '학이(學而)'는 《논어》의 처음 구절인 '학이시습지불역열호(學而時習之不亦說乎)'의 학이(學而)에서 빌려 온 이름입니다.

여러 제자들이 공자의 말을 제각기 기록하다 보니 책의 구성이 전체적으로는 체계적이지 못하고 같은 내용이 되풀이되기도 합니다. 그래서 그 내용을 알기 쉽게 간단히 설명하기는 어렵습니다. 굳이 내용을 소개하자면 인품을 기르는 말과 도덕과 윤리에 관한 내용이 가장 많습니다. 이 외에도 공자의 정치, 철학에 대한 견해라든가 공자의 일상생활 등의 내용이 실려 있습니다.

《논어》에 담긴 공자의 가르침 가운데 가장 중요한 사상은 인(仁)입니다. 인(仁)은 '어질다'는 뜻인데 쉽게 말하자면 '사랑'입니다. 하지만 인(仁)의 속뜻은 굉장히 넓고 깊어서 예절, 의로움, 용기 등을 다 포함하는 심오한 뜻을 담은 말입니다.

이 책에는 군자(君子)라는 말이 자주 나옵니다. 군자는 유교에서 추구하는 이상적인 인간상입니다. 군자는 그 뜻이 깊지만 단순하게 설명하자면 도덕적으로 인격이 성숙한 사람, 학문과 덕이 높은 사람이라고 생각하면 되겠습니다. 군자와 반대되는 인물이 소인(小人)입니다. 덕이 없고 속이 좁은 사람입니다. 부모님께서는 아이들에게 먼저 군자와 소인의 개념을 잘 설명해 주시기 바랍니다.

이 책은 《논어》에 담긴 내용 가운데 어린이가 삶을 살아가는 데 도움이 되거나 지혜를 키울 수 있는 명문장을 담았습니다. 《논어》의 핵심적인 내용은 빠뜨리지 않되 어린이의 학습 수준을 고려하면서 문장을 골랐습니다. 《논어》의 명문장들을 한 글자 한 글자 정성스럽게 써 간다면 우리 아이들이 고전의 사상을 깊이 있게 배우면서 보다 바르고 지혜롭게 성장할 것이라고 믿습니다.

이 책의 구성과 특징

이 책은 《논어》의 명문장을 소리 내어 읽고 따라 쓰는 가운데 바르게 글씨를 쓰는 것은 물론, 생각의 힘을 키우고 지혜로운 어린이로 자라도록 돕는 데 목표를 두었습니다. 이와 같은 목표를 이루기 위해 다음과 같은 구성과 특징을 갖추었습니다.

1 정확하면서도 쉽게 풀이했습니다.

시중의 많은 어린이 고전 책들은 쉽게 풀이하는 데에만 관심을 둔 나머지 원문의 의미에서 벗어나거나 명문의 맛깔스런 느낌을 살리지 못한 경우가 많습니다. 이 책은 한문학을 전공하는 학자가 저술함으로써, 원문의 정신을 훼손하지 않으면서 정확하고 쉽게 풀이하는 데 최선을 다했습니다. 예컨대 첫 번째 명문장인 "배우고 때마다 그것을 익히면 기쁘지 않겠는가."의 경우, 다른 교재에서는 '때때로'로 풀이하고 있습니다. 하지만 최근의 방향을 참고했을 때 '때마다'가 더 낫다고 판단했습니다.

2 어린이의 수준을 고려한 명문장을 골랐습니다.

《논어》는 고전의 심오한 사상을 담고 있어서 이해하기 어려운 구절도 많습니다. 이 점을 고려하여 어린이 눈높이에서 꼭 알아 두어야 할 수준의 내용들로 선별했습니다. 자신을 돌아보고 배움의 가치를 발견하며 생각의 폭을 넓힐 수 있는 명문장을 위주로 선정했습니다.

3 총 50개의 문장을 5개의 주제로 나누었습니다.

《논어》에 담긴 공자의 가르침은 다양한 내용으로 이루어져 있습니다. 그 가운데 어린이가 배우기에 부담되지 않으면서도 너무 가볍지 않게 50개의 문장을 선정했습니다. 그리고 50개의 명문장은 각각 다섯 개의 주제로 나누어 구성했습니다. 첫째는 배움, 둘째는 말과 행동, 셋째는 자아성찰, 넷째는 군자의 인품, 마지막 다섯째는 관계와 관련한 명문장으로 묶었습니다.

4 한자 원문의 뜻도 배울 수 있도록 했습니다.

각각의 명문장에 해당하는 원문을 소개해 주고 각 한자마다 음과 뜻을 밝혀 주어 한자 공부도 할 수 있도록 배려했습니다. 고전의 경전은 한자의 원문을 함께 배울 때 문장의 의미를 더 깊게 이해할 수 있습니다. 한자도 또박또박 읽어서 한자 실력 키우기에 도전해 보는 것도 좋습니다. 나아가 한자 원문도 따라쓰기 칸을 만들어 한자를 직접 써 볼 수 있도록 했습니다.

5 명문장의 속뜻을 최대한 알기 쉽게 풀이했습니다.

《논어》의 문장은 구절마다 깊은 뜻이 담겨 있습니다. 어린이가 그대로 읽고 쓰며 이해하기에는 어려운 문장들도 있습니다. 그리하여 '생각 다지기'를 통해 명문장의 뜻을 최대한 쉽게 이해시켜 주기 위해 노력했습니다. 또한 '생각 넓히기'를 통해 명문장을 한층 깊게 이해하고 나아가 논술적 사고에 도움이 되도록 했습니다.

6 명문장을 직접 따라 쓰는 칸을 마련했습니다.

열 번 읽는 것보다 한 번 써 보는 것이 학습 효과 면에서 훨씬 좋습니다. 우선 명문장을 소리 내어 읽으면서 또박또박 따라 쓰면 바르게 쓸 수 있고 마음가짐과 태도까지 바로잡을 수 있습니다.

7 문장의 전체를 배울 수 있도록 원문 카드를 마련했습니다.

이 책에 나오는 문장은 어린이의 수준에 맞추어 기억하기 쉽고 암송할 수 있도록 최대한 짧고 간결한 문장을 선별한 것입니다. 문장 전체를 알기 원하는 독자들을 배려하여 해당 문장이 들어간 전체 문장을 따로 부록으로 만들었습니다.

8 본 교재는 어린이는 물론 부모님이 보셔도 즐겁게 배울 수 있도록 만들었습니다.

아이뿐만 아니라 부모님이 보아도 《논어》의 깊은 맛을 이해하고 생각하는 힘을 키우는 데 도움이 될 것입니다. 아이가 어려워하는 부분은 엄마, 아빠도 함께 읽고 따라 쓰면서 필담을 나눈다면 더욱 깊이 있는 독서가 될 것입니다.

이 책의 활용법

매일 체크

이 책은 매일 한 개씩의 명문장을 익히도록 구성했습니다. 정해진 날짜마다 계획을 세워 하루에 한 문장씩 소리 내어 읽고 직접 손으로 쓰도록 지도해 주세요.

❶ 명문장 따라 읽기

원문을 제시하고 그 뜻을 쉽게 풀이했습니다. 먼저 원문을 소리 내어 읽은 다음 명문장을 또박또박 소리 내어 읽어 보세요. 엄마와 번갈아 읽으면 더욱 좋습니다.

❷ 생각 다지기

명문장의 뜻을 알기 쉽게 풀어 준 것입니다. 명문장이 어떤 의미를 지니고 있는지를 일상생활의 예를 들어가며 풀어 주었습니다. 아이에게 천천히 읽게 한 다음 무슨 의미인지 서로 이야기를 나누어 보세요.

❸ 생각 넓히기

명문장에서 꼭 알아 두면 좋은 어휘라든가 명문장에서 유래한 생활어, 명문장과 관련한 격언이나 유사어 등을 제시하여 명문장을 둘러싼 맥락을 더 깊이 이해하도록 했습니다. 아이의 교양 지식을 키워 주고 논술적 사고 훈련에도 유용합니다.

11일차

📢 큰 목소리로 또박또박 읽어 보세요.

*엄마랑 번갈아 읽어도 재미있어요!

❶

巧 言 令 色 鮮 矣 仁
교묘할 교 말씀 언 좋을 영 색 색 드물 선 어조사 의 어질 인

말을 아름답게 꾸미고
얼굴빛을 좋게 하는 사람치고
어진 이가 드물다.

학이 3

❷ 생각 다지기

달콤한 사탕과 쓰디쓴 약 가운데 어느 것을 먹고 싶을까? 물론 달콤한 사탕을 먹고 싶겠지? 하지만 사탕은 이를 썩게 만들고 건강에도 좋지 않아. 반면 약은 입에는 쓰지만, 병을 낫게 하는 데 도움을 준단다. 사람도 마찬가지야. 내가 듣기에 달콤한 말만 하는 사람 중에는 좋은 친구가 별로 없게 마련이야. 자기 이익을 챙기기 위해 말만 번지르르하면서 다른 사람에게 아부하는 사람을 경계해야 해. 듣기 좋은 말에 혹해서 넘어가면 절대 안 돼. 사탕이 내 이를 썩게 하듯, 달콤하고 번지르르한 말도 내 마음과 정신을 썩게 할 테니까.

❸ 생각 넓히기

'교언영색(巧言令色)'은 교묘한 말[巧言]과 보기 좋게 꾸민 얼굴색[令色]으로 남에게 아첨한다는 뜻이란다. 공자는 소박하지만 말을 어눌하게 하는 사람이 오히려 더 진실하다고 했어. 교언영색하는 사람에게 속아서도 안 되겠지만 먼저는 나 자신이 진실해야 한단다.

논어 원문 카드

책에서 다룬 명문장이 포함된 논어 원문 카드의 앞면에는 한자 원문과 음을, 뒷면에는 해석이 담겨 있어요. 하나씩 뜯어서 명문장을 떠올리며 필담을 나눌 때 활용하세요.

子曰　學而時習之　不亦說乎
자 왈　학 이 시 습 지　불 역 열 호

有朋自遠方來　不亦樂乎
유 붕 자 원 방 래　불 역 락 호

人不知而不慍　不亦君子乎
인 부 지 이 불 온　불 역 군 자 호

1

바른 자세로 또박또박 써 보세요. ❶

말	을		아	름	답	게		꾸	미	고		얼
굴	빛	을		좋	게		하	는		사	람	치	고
어	진		이	가		드	물	다	.

뜻을 생각하며 천천히 써 보세요.

논어 읽어서 저게 장점 들지?

마무리는 외워서, 한자 원문도 따라 써 보세요.

巧言令色 鮮矣仁 ❷

월 일

◆ 어휘 마당 ❸

巧 교묘할 교
예 교묘, 기교

言 말씀 언
예 언행, 언급

令 좋을 영
(하여금 영)
예 명령

色 색 색
(빛 색)
예 색깔, 색상

鮮 드물 선
(고울 선)
예 선명, 조선

仁 어질 인
예 인자, 인천

❶ 바른 자세로 또박또박 쓰기

열 번 읽는 것보다 한 번 쓰는 것이 훨씬 효과적입니다. 명문장을 직접 손으로 또박또박 써 보세요. 처음에는 바른 자세로 쓰고 그 다음에는 뜻을 생각하며 씁니다. 엄마와 번갈아 가며 써 보기도 하고, '아빠 찬스'가 나올 때에는 아빠도 함께 읽고 써 보세요. 마무리는 외워서 아이가 직접 써 보게 하면 명문장이 머리에 쏙쏙 박힙니다.

❷ 한자 원문 따라 쓰기

이 부분은 한자를 학습하려는 어린이를 배려한 것입니다. 원문을 한번 직접 써 보면 명문장의 의미가 더 깊이 있게 다가옵니다.

❸ 어휘 마당

한자의 뜻을 밝혀 주고 각각의 한자와 결합하는 어휘를 적어 두어 해당 한자가 일상생활에서 어떤 의미로 쓰이는지를 보여 주고자 했습니다.

차례

3장
자아성찰
나를 돌아보는
하루

4장
군자의 인품
사람의 됨됨이란?

5장
관계
나, 너
그리고 우리

1장 배움

사람은 평생 배워야 한다

매일 체크!

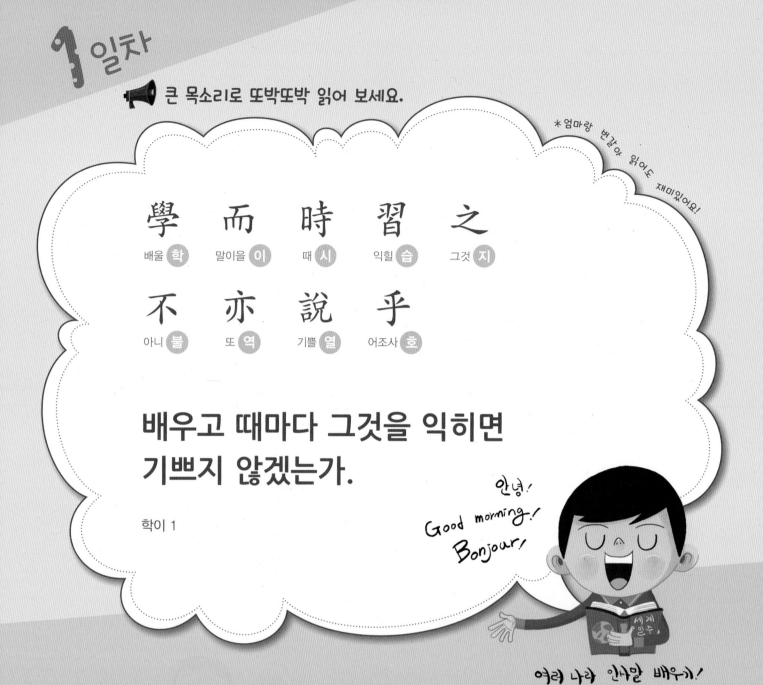

📢 큰 목소리로 또박또박 읽어 보세요.

*엄마랑 번갈아 읽어도 재미있어요!

學 而 時 習 之
배울 학 말이을 이 때 시 익힐 습 그것 지

不 亦 說 乎
아니 불 또 역 기쁠 열 어조사 호

배우고 때마다 그것을 익히면 기쁘지 않겠는가.

학이 1

안녕!
Good morning!
Bonjour!

여러 나라 인사말 배우기!

생각 다지기

공부, 공부! 공부 생각만 하면 지긋지긋하다고? 왜 그럴까? 무작정 외우고 돌아서면 바로 잊어버리니 공부가 싫고 지겨울 거야. 그런데 글자를 처음 배웠을 때의 마음을 생각해 보렴. 글자를 새로 배워 이 책 저 책 읽어 볼 때의 즐거움이 떠오르지?

맞아. 공부란 절대 지긋지긋하거나 힘든 일이 아니야. 새로 배우고 그것을 시시때때로 자기 것으로 만들면, 공부는 아주 즐겁고 기쁜 일이 된단다.

생각 넓히기

학이시습지(學而時習之)에서 '학습(學習)'이란 말이 나왔어. 배울 학(學)은 앞사람의 훌륭한 점을 본받는다는 뜻이야. 익힐 습(習)은 어린 새가 계속해서 나는 법을 훈련하는 것과 같이 쉼 없이 배우는 것을 의미하지. 그래서 새로운 지식이나 기술을 배우고 얻는 과정을 학습(學習)이라고 해.

✏️ 바른 자세로 또박또박 써 보세요.

한번
쓰고

| 배 | 우 | 고 | | 때 | 마 | 다 | | 그 | 것 | 을 | | 익 |

| 히 | 면 | | 기 | 쁘 | 지 | | 않 | 겠 | 는 | 가 | . | |

✏️ 뜻을 생각하며 천천히 써 보세요.

또
쓰고

📖 어휘 마당

學 배울 학
예 학교, 수학

時 때 시
예 시간, 시계

習 익힐 습
예 연습, 학습

不 아니 불
예 불량, 불가
▶ '아니다'의
뜻으로 쓰임.

(늘)에 날아가기 전에 잡아 줄까?

✏️ 마무리는 외워서, 한자 원문도 따라 써 보세요.

마무리

亦 또 역
예 역시

學而時習之 不亦說乎

아빠, 보세요.
이제는 보조 바퀴
대고도 잘 타죠?

우리 딸,
잘한다!

📢 큰 목소리로 또박또박 읽어 보세요.

＊엄마랑 번갈아 읽어도 재미있어요!

溫 故 而 知 新
배울 온　옛 고　말이을 이　알 지　새로울 신

可 以 爲 師 矣
가능할 가　～로써 이　할 위　스승 사　어조사 의

옛것을 배우고 새것을 알면
스승이 될 만하다.

위정 11

옛것도
좋은 것이여~!

생각 다지기

새 옷, 새 신발, 새 가방. 사람들은 옛것은 팽개치고 새로운 것만 찾으려고 하지. 하지만 옛것이 다 낡은 것은 아니란다. 사실 새것은 옛것을 바탕으로 하여 만들어진 거야.

예를 들면, 지금의 에어컨은 무엇을 보고 만들었을까? 선풍기! 선풍기는? 부채! 모두 옛것을 보고 새로운 것을 만들어 낸 경우라고 할 수 있지. 옛것을 무조건 낡고 오래된 것이라고 생각하면 안 돼. 물건뿐만 아니라 문화나 역사, 어른들의 말씀, 옛날 책 등 옛 바탕 위에 새로운 것을 배워 간다면 어디에서든 뛰어난 사람이 될 수 있을 거야.

생각 넓히기

위의 문장에서 '온고지신(溫故知新)'이라는 말이 나왔단다. 옛것을 배워서 새것을 안다는 뜻이지. 과거로부터 미래를 준비하는 깨달음을 얻는다는 말이야.

✏️ 바른 자세로 또박또박 써 보세요.

내 차례

옛 것 을   배 우 고   새 것 을   알
면   스 승 이   될   만 하 다 .

📖 어휘 마당

溫 배울 온
(따뜻할 온)
예 온수, 온도

故 옛 고
예 고전, 고향

✏️ 뜻을 생각하며 천천히 써 보세요.

엄마 차례

知 알 지
예 지혜, 지식

명필가 났시오~~!

新 새로울 신
예 신기술, 신상

✏️ 마무리는 외워서, 한자 원문도 따라 써 보세요.

마무리

可 가능할 가
예 가능

師 스승 사
예 교사

溫 故 而 知 新   可 以 爲 師 矣

📢 큰 목소리로 또박또박 읽어 보세요.

* 엄마랑 번갈아 읽어도 재미있어요!

學 而 不 思 則 罔

배울 **학**　말이을 **이**　아니 **불**　생각 **사**　곧 **즉**　어두울 **망**

배우기만 하고 생각하지 않으면 얻는 것이 없다.

위정 15

생각 다지기

엄청 암기를 잘하는 사람이 있다고 치자. 책의 내용을 달달달 외우기만 한 이 사람은 잘 배운 걸까? 무조건 외우기만 하는 것은 제대로 아는 것이 아니란다. 배운 내용을 깊이 생각해서 자기 것으로 만들어야 해.

예를 들어 볼까? 어떤 사람이 웃으며 밝게 인사하는 것이 좋다고 배웠어. 그런데 이 사람이 별 생각 없이 슬픔에 빠져 울고 있는 친구에게도 크게 웃으며 인사를 했다고 생각해 봐. 아마 슬픔에 빠진 친구는 자기를 놀린다고 생각할 거야. 무엇을 배웠으면 그것을 잘 생각해서 때와 상황에 맞게 사용할 줄 알아야 한단다.

생각 넓히기

맹자는 '책을 완전히 믿는 것은 책이 없느니만 못하다.'라고 했단다. 생각 없이 무조건 읽고 책의 내용을 그대로 받아들이기만 한다면 차라리 안 읽는 것보다 못하다는 뜻이지.

책을 읽는다거나 무엇을 배울 때에는 그 내용을 깊이 생각하는 습관을 기르도록 해.

✏️ 바른 자세로 또박또박 써 보세요.

한번
쓰고

배	우	기	만		하	고		생	각	하	지

않	으	면		얻	는		것	이		없	다	.

📓 어휘 마당

思 생각 사
예 사고, 사춘기

則 곧 즉
예 즉시

罔 어두울 망
예 망극

✏️ 뜻을 생각하며 천천히 써 보세요.

또
쓰고

슬퍼 날아가기 전에 잡아 볼까?

✏️ 마무리는 외워서, 한자 원문도 따라 써 보세요.

마무리

學	而	不	思	則	罔

How are you?

Hi Ho-jin!
How are you today?
It's getting warmer outside.

책에서 배운 것과 다르네...

 '다른 사람의 말은 필요 없고 책도 필요 없어.'
오직 자기 생각만이 중요하다고? 과연 그럴까? 다른 사람의 의견을 귀담아 듣지 않고 책 속에 담긴 지식을 무시하면 자기만의 착각에 빠져 아주 위험하게 될 수 있단다. 자기는 새롭다고 생각하겠지만, 실제로는 자기 혼자 엉뚱한 생각을 하며 억지로 우기고 있는 것일 수도 있어. 내 생각을 다른 사람과 나누고 옛 사람들에게 비추어 보아야 생각이 위험한 데로 흐르지 않는단다. '생각'과 '배움'은 자전거의 두 바퀴와 같아서 함께 굴러가야 넘어지지 않는 법이지.

 지식을 외우기만 하고 깊이 생각하지 않으면 잊어버리기 쉬워. 또 자기만의 생각에 빠져 앞선 사람들의 경험을 본받지 않으면 혼자만의 위험한 생각을 갖게 될 수도 있단다. 배운 것을 스스로 깊이 생각할 때 진짜 배움에 이를 수 있는 것이지.

✏️ 바른 자세로 또박또박 써 보세요.

내
차례

생	각	하	기	만		하	고		배	우	지
않	으	면		위	험	하	다	.			

📖 어휘 마당

思 생각 사
예 사상

學 배울 학
예 학습, 학년

殆 위태할 태
예 위태

✏️ 뜻을 생각하며 천천히 써 보세요.

아빠
찬스

명필가 났어요~~!

✏️ 마무리는 외워서, 한자 원문도 따라 써 보세요.

마무리

思而不學則殆

📢 큰 목소리로 또박또박 읽어 보세요.

＊엄마랑 번갈아 읽어도 재미있어요!

知 之 爲 知 之
알 **지** 그것 **지** 할 **위** 알 **지** 그것 **지**

不 知 爲 不 知 是 知 也
아니 **부** 알 **지** 할 **위** 아니 **부** 알 **지** 이것 **시** 알 **지** 어조사 **야**

아는 것을 안다고 하고
모르는 것을 모른다고 하는 것,
이것이 아는 것이다.

위정 17

너 자신을 알라!

 생각 다지기

"너 이거 모르는구나?"

"아니야! 잠깐 생각이 안 났을 뿐이야!"

진짜 몰랐는데, 이렇게 우겨 본 적이 있을 거야. 지기 싫어서 혹은 자존심이 상해서 모르는 것을 아는 척하는 거지. 하지만 모르는 것은 부끄러운 일이 아니야. 세상에는 알아야 할 지식이 정말 많고 다양하단다. 그 많은 내용을 다 알 수는 없지. 그래서 사람은 누구나 모를 수 있어. 오히려 전혀 모르는 것을 아는 척하는 게 진짜 부끄러운 거란다. 모르는 것은 모른다고 솔직하게 말하고 배우는 것이야말로 용기 있는 행동이야.

 생각 넓히기

유명한 철학자 소크라테스는 아폴론 신전에 새겨진 '너 자신을 알라!'는 말을 통해 깨달음을 얻었다고 해. 이 말은 나 자신이 아는 것이 없다는 점을 알아야 한다는 의미야. 내가 아는 것이 별로 없구나 하고 깨닫는 것이 진정한 앎의 출발점이란다.

✏️ 바른 자세로 또박또박 써 보세요.

한번
쓰고

아	는		것	을		안	다	고		하	고
모	르	는		것	을		모	른	다	고		하	는
것	,	이	것	이		아	는			것	이	다	.

✏️ 뜻을 생각하며 천천히 써 보세요.

또
쓰고

늘어 날아가기 전에 잡아 볼까?

✏️ 마무리는 외워서, 한자 원문도 따라 써 보세요.

마무리

知之爲知之　不知爲不知
是知也

월　　일

📖 어휘 마당

知 알 지
예 지능, 지성

爲 할 위
예 위인

是 이것 시
(옳을 시)
예 역시, 시비
▶ '이것'이라는
뜻으로 쓰임.

📢 큰 목소리로 또박또박 읽어 보세요.

＊엄마랑 번갈아 읽어도 재미있어요!

朝 聞 道　　夕 死 可 矣
아침 조　들을 문　도 도　　저녁 석　죽을 사　가능할 가　어조사 의

아침에 도를 들으면 저녁에 죽어도 좋다.

이인 8

아암,
그렇고 말고.

 생각 다지기

'게임을 실컷 할 수 있다면 오늘 저녁은 굶어도 좋아.'

이런 생각을 해 본 적이 있을 거야. 무엇인가를 간절히 바라면 다른 것을 갖지 않아도 된다는 마음이지. 공자가 간절히 원하던 것은 바로 '도(道)', 즉 배움의 진리였어.

공자는 좋은 배움을 얻을 수만 있다면 그날 바로 죽어도 좋다고 할 정도로 진정한 배움을 원했던 거야. 게임도 아니고, 맛있는 것도 아닌데 죽어도 좋다고까지 할 필요가 있냐고?

공자에게 있어 좋은 배움이란 게임보다, 세상에서 가장 맛있는 음식보다 더 귀중한 것이었단다. 그만큼 좋은 배움을 얻는 것이 어렵다는 뜻도 되겠지.

 생각 넓히기

'도(道)'란 요즘 말로 '진리'라고 할 수 있어. 공자에게 진리는 인간이 반드시 걸어가야 하는 길, 곧 덕을 드러내고 사랑[인(仁)]을 실천하는 삶을 말한단다. 공자는 도를 깨달으면 바로 죽어도 좋다고 할 정도로 진리를 정말 사랑했지.

✏️ 바른 자세로 또박또박 써 보세요.

내 차례

아	침	에		도	를		들	으	면		저	녁
에		죽	어	도		좋	다	.				

✏️ 뜻을 생각하며 천천히 써 보세요.

엄마 차례

명필가 났어요~~!

✏️ 마무리는 외워서, 한자 원문도 따라 써 보세요.

마무리

朝 聞 道 夕 死 可 矣

📖 어휘 마당

朝 아침 **조**
예 **조**식

聞 들을 **문**
예 견**문**

道 도 **도**
예 **도**리

夕 저녁 **석**
예 **석**양

死 죽을 **사**
예 **사**망

可 가능할 **가**
예 **가**능성

게임을 실컷 할 수 있다면 오늘 저녁은 굶어도 좋아!

얘들아, 밥 먹어라!

📢 큰 목소리로 또박또박 읽어 보세요.

不 恥 下 問
아니 **불** 부끄러울 **치** 아래 **하** 물을 **문**

아랫사람에게 묻는 것을
부끄러워하지 않는다.

공야장 14

*엄마랑 번갈아 읽어도 재미있어요!

질문 있습니다!!

 생각 다지기

"이건 네 동생이 잘하니까, 동생에게 물어봐."
"싫어요. 부끄럽게······."
동생이 어떤 부분에 있어서는 나보다 잘하는 것을 알지만, 괜히 묻기가 부끄러웠던 적이 있지?
동생은 물론, 친구에게 묻는 것도 쑥스러울 때가 있을 거야. 아마도 자존심과 체면 때문이 아니었을까? 하지만 여기서 중요한 건 모르는 것을 물어서 안다는 거야.
새로운 것을 알아 간다는 기쁨에 초점을 맞추면, 누구에게 묻든 누가 가르쳐 주든 그건 중요한 게 아니야. 모르는 것이 있으면 지나가는 사람을 붙들고라도 배워야 한단다.

 생각 넓히기

조선 후기의 실학자 박지원은 다음과 같이 말했단다.
"배움의 길에는 다른 방법이 없다. 모르는 것이 있으면 길 가는 사람을 붙잡고라도 물어보아야 한다. 어린아이나 종일지라도 나보다 한 글자라도 많이 알면 잠시라도 배워야 한다."
이렇듯 훌륭한 사람들은 자기보다 지위가 낮은 사람에게 묻는 것을 부끄러워하지 않았어.

✏️ 바른 자세로 또박또박 써 보세요.

한번
쓰고

아	랫	사	람	에	게		묻	는		것	을
부	끄	러	워	하	지		않	는	다	.	

📗 어휘 마당

恥 부끄러울 치
예 수치

下 아래 하
예 상하

問 물을 문
예 문제

✏️ 뜻을 생각하며 천천히 써 보세요.

또
쓰고

날아가기 전에 잡아 볼까?

✏️ 마무리는 외워서, 한자 원문도 따라 써 보세요.

마무리

不	恥	下	問	

네 동생이
공룡 박사야.
동생에게 물어보렴.

난 백악기 후기에 날았던
몸길이 13미터의
티라노사우루스 렉스다!
티렉스라고 하지. 몸무게 7톤...

📢 큰 목소리로 또박또박 읽어 보세요.

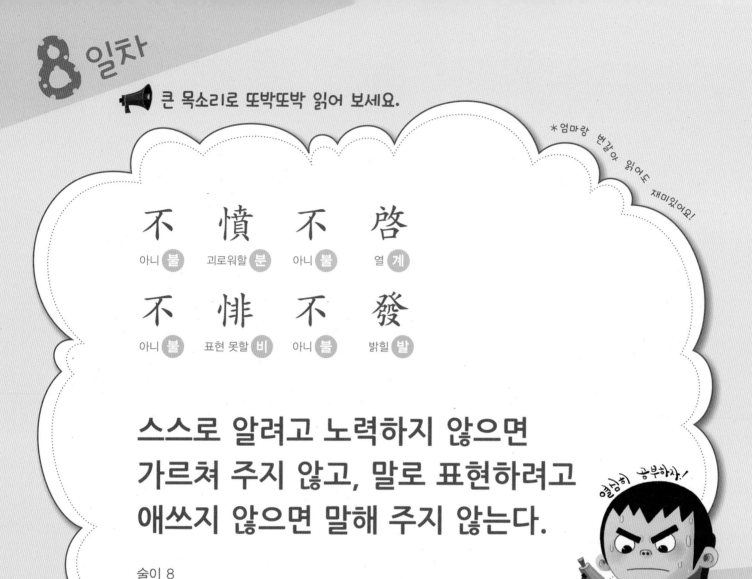

* 엄마랑 번갈아 읽어도 재미있어요!

不 憤 不 啓
아니 **불** 괴로워할 **분** 아니 **불** 열 **계**

不 悱 不 發
아니 **불** 표현 못할 **비** 아니 **불** 밝힐 **발**

스스로 알려고 노력하지 않으면
가르쳐 주지 않고, 말로 표현하려고
애쓰지 않으면 말해 주지 않는다.

술이 8

열심히 공부하자!

생각
다지기

아주 목이 마를 때 가장 꿀맛처럼 느껴지는 게 뭘까? 바로 시원한 물이란다. 하지만 그렇게 달콤했던 물을 배부를 때 마시면 어떨까? 아마 밍밍하고 민숭민숭하겠지.
공부도 마찬가지란다. 알고 싶어 자꾸 묻고 배우려는 사람은 새로운 것을 배울 때 꿀처럼 달콤하게 느껴질 거야. 반면 별로 내켜 하지 않는 사람은 아무리 귀한 공부라도 밋밋하고 재미없게 느껴지겠지. 가르쳐 주는 사람도 마찬가지야. 알고 싶어서 열심인 사람에게 하나라도 더 알려 주고 싶어 한단다. 알고 싶은 마음, 공부하고 싶은 마음. 그것이 공부를 달콤하게 만드는 비법인 거야.

생각
넓히기

위의 '불계(不啓)와 불발(不發)'이란 말에서 '계발(啓發)'이라는 말이 나왔어. 계발(啓發)이란 재능이나 정신 따위를 깨우쳐 열어 준다는 뜻이야.
"담임 선생님은 반 아이들의 타고난 소질을 계발하려고 애쓰신다."와 같이 쓰여.

✏️ 바른 자세로 또박또박 써 보세요.

내 차례

스	스	로		알	려	고		노	력	하	지
않	으	면		가	르	쳐		주	지		않	고,
말	로		표	현	하	려	고		애	쓰	지		않
으	면		말	해		주	지		않	는	다.

엄마 차례

명필과 났지요~~!

✏️ 마무리는 외워서, 한자 원문도 따라 써 보세요.

마무리

不	憤	不	啓		不	悱	不	發

어휘 마당

不 아니 **불**
예 **불**가능

憤 괴로워할 **분**
(성낼 **분**)
예 **분**개, **분**발

啓 열 **계**
예 **계**발

悱 표현 못할 **비**
예 **비**분

發 밝힐 **발**
예 **발**언, 고**발**

스승님! 이제 제발 분단출을 알려 주세요!

어 이상 가르칠 것이 없다. 하산 하여라!

📢 큰 목소리로 또박또박 읽어 보세요.

*엄마랑 번갈아 읽어도 재미있어요!

發 憤 忘 食
일으킬 발   성낼 분   잊을 망   먹을 식

마음과 힘을 다하느라 먹는 것도 잊는다.

술이 18

아주 재미있는 만화 영화를 보느라 밥 먹는 것조차 잊어버린 적이 있을 거야. 만화 영화뿐 아니라 끝이 몹시 궁금한 책을 읽는다든가, 흥미진진한 게임을 한다든가, 친구들과 시간 가는 줄 모르고 놀다 보면, 다른 것은 하나도 생각나지 않을 거야.

믿기지 않겠지만 공자는 공부에 열중하느라 먹는 것도 잊을 만큼 학문에 힘쓰던 사람이었지. 무엇인가를 배우는 것에 집중해서 밥 먹는 것도 잊을 정도로 열심히 하는 사람은 무엇이든 그 분야에서 성공한 사람이 될 거야.

어? 그렇다고 일부러 밥을 안 먹으면 안 돼.

'발분(發憤)'은 일으킬 발(發) 성낼 분(憤), 즉 분노를 일으킨다는 뜻이야. 자신이 잘하지 못하는 것에 대해 스스로 화를 내는 것이지. 어떤 문제가 풀리지 않으면 '왜 안 되는 거야?' 하면서 화를 낼 때가 있어. 그런데 공자는 화를 내는 데서 그치지 않고 그 문제를 풀 때까지 밥 먹는 것조차 잊었단다.

바른 자세로 또박또박 써 보세요.

한 번
쓰고

| 마 | 음 | 과 | | 힘 | 을 | | 다 | 하 | 느 | 라 | | 먹 |
| 는 | | 것 | 도 | | 잊 | 는 | 다 | . | | | | |

어휘 마당

發 일으킬 **발**
예 **발전, 출발**

뜻을 생각하며 천천히 써 보세요.

또
쓰고

憤 성낼 **분**
예 **분노**

忘 잊을 **망**
예 **망각**

늘버 날아가기 전에 잡아 볼까?

食 먹을 **식**
예 **식사**

마무리는 외워서, 한자 원문도 따라 써 보세요.

마무리

| 發 | 憤 | 忘 | 食 | | | | | | | | | |

큰 목소리로 또박또박 읽어 보세요.

＊엄마랑 번갈아 읽어도 재미있어요!

學 如 不 及
배울 **학**　같을 **여**　아니 **불**　미칠 **급**

猶 恐 失 之
오히려 **유**　두려울 **공**　잃을 **실**　그것 **지**

**배움은 따라가지 못할 듯이 하면서도
행여 때를 놓칠까 두려워해야 한다.**

태백 17

배움

슝~!

생각 다지기

수학 시간에 새로운 계산법을 배웠을 때를 떠올려 보자. 다른 친구들은 선생님이 가르쳐 주신 대로 척척 연습 문제를 풀고 있는데, 나는 이해하지 못했을 때, 어떻게 해야 할까?

물어봐야지. 선생님께 질문하고, 잘하는 친구에게도 물어봐야지. 어디가 어떻게 잘 안 풀리는지 알려고 노력해야 하는 거야. 그리고 그 계산법을 이제 한번 알게 되었다고 그냥 흘려버리지 말고, 비슷한 문제를 여러 개 풀어 보는 거야. 그래야 그 공부가 진짜 내 것이 되는 거란다.

생각 넓히기

배움은 단거리를 달리듯이 치열하게 하는 것도 필요하지만 마라톤을 달리는 것과 같이 꾸준히 하는 것도 필요하단다. 급하게 오르려고 계단을 껑충껑충 뛰어오르는 것이 아니라 한 계단 한 계단 차근차근 올라가는 것도 필요해. 너무 조급해 하면 금방 지치니까 하나하나 기초를 단단하게 쌓아 가면서 나아가렴.

✏️ 바른 자세로 또박또박 써 보세요.

내 차례

배	움	은		따	라	가	지		못	할		듯
이		하	면	서	도		행	여		때	를	놓
칠	까		두	려	워	해	야		한	다	.	

✏️ 뜻을 생각하며 천천히 써 보세요.

엄마 차례

명필가 났어요~~!

✏️ 마무리는 외워서, 한자 원문도 따라 써 보세요.

마무리

學如不及 猶恐失之

어휘 마당

學 배울 학
예 **학**기

如 같을 여
예 **여**의주

及 미칠 급
예 **급**기야

猶 오히려 유
▶ '오히려', '행여'의 의미로 쓰임.

恐 두려울 공
예 **공**포

失 잃을 실
예 **실**수

헉헉, 포기란 없다.

FINISH
오답

2장 말과 행동

말과 행동이 마음가짐의 시작이다

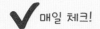

🔊 큰 목소리로 또박또박 읽어 보세요.

＊엄마랑 번갈아 읽어도 재미있어요!

巧 言 令 色 鮮 矣 仁
교묘할 교   말씀 언   좋을 영   색 색   드물 선   어조사 의   어질 인

말을 아름답게 꾸미고
얼굴빛을 좋게 하는 사람치고
어진 이가 드물다.

학이 3

두통

나도
신데렐라가
될 테야.

달콤한 사탕과 쓰디쓴 약 가운데 어느 것을 먹고 싶을까? 물론 달콤한 사탕을 먹고 싶겠지? 하지만 사탕은 이를 썩게 만들고 건강에도 좋지 않아. 반면 약은 입에는 쓰지만, 병을 낫게 하는 데 도움을 준단다. 사람도 마찬가지야. 내가 듣기에 달콤한 말만 하는 사람 중에는 좋은 친구가 별로 없게 마련이야. 자기 이익을 챙기기 위해 말만 번지르르하면서 다른 사람에게 아부하는 사람을 경계해야 해. 듣기 좋은 말에 혹해서 넘어가면 절대 안 돼. 사탕이 내 이를 썩게 하듯, 달콤하고 번지르르한 말도 내 마음과 정신을 썩게 할 테니까.

'교언영색(巧言令色)'은 교묘한 말[巧言]과 보기 좋게 꾸민 얼굴색[令色]으로 남에게 아첨한다는 뜻이란다. 공자는 소박하지만 말을 어눌하게 하는 사람이 오히려 더 진실하다고 했어. 교언영색하는 사람에게 속아서도 안 되겠지만 먼저는 나 자신이 진실해야 한단다.

✏️ 바른 자세로 또박또박 써 보세요.

한 번
쓰고

말	을		아	름	답	게		꾸	미	고		얼
굴	빛	을		좋	게		하	는		사	람	치	고
어	진		이	가		드	물	다	.			

✏️ 뜻을 생각하며 천천히 써 보세요.

또
쓰고

늘써 날아가기 전에 잡아 볼까?

✏️ 마무리는 외워서, 한자 원문도 따라 써 보세요.

마무리

巧言令色 鮮矣仁

📖 어휘 마당

巧 교묘할 교
예 교묘, 기교

言 말씀 언
예 언행, 언급

令 좋을 영
(하여금 영)
예 명령

色 색 색
(빛 색)
예 색깔, 색상

鮮 드물 선
(고울 선)
예 선명, 조선

仁 어질 인
예 인자, 인천

📢 큰 목소리로 또박또박 읽어 보세요.

* 아빠랑 번갈아 읽어도 재미있어요!

過 則 勿 憚 改
허물 **과** 곧 **즉** 말 **물** 꺼릴 **탄** 고칠 **개**

잘못이 있으면 고치기를 주저하지 말라.

학이 8

과거사?
그런 거 모르므니다!

생각 다지기

"네가 먼저 잘못했잖아!"
"너도 잘못했거든!"
친구랑 잘못을 따지며 다툰 일이 있을 거야. 내가 먼저 잘못한 줄 알지만, 자존심도 상하고 괜히 잘못을 인정하기 싫어서 사과하지 않고 버틴 적도 있겠지. 그런데 진짜 잘못이 뭔지 알아? 잘못인 줄 알면서도 고치지 않는 거야. 사람은 누구나 잘못을 할 수 있어. 완벽한 사람은 없는 법이니까. 그럴 때 마음이 좁은 사람은 잘못을 얼버무리고 변명하려 하지만, 훌륭한 사람은 잘못을 솔직하게 인정하고 즉시 고치려고 노력하지. 잘못을 솔직하게 인정하면 오히려 더 정직한 사람으로 인정받을 수 있단다.

생각 넓히기

공자는 "잘못하고도 고치지 않는 것, 이것을 잘못이라고 한다."라고 말했어.
"그 사람의 잘못을 보고 그의 착함을 알게 된다."라고도 했지. 그러니까 잘못을 했느냐 안 했느냐보다는 잘못에 대해 솔직하게 인정했느냐 감추려 했느냐에 따라 그 사람의 참모습이 드러난단다.

✏️ 바른 자세로 또박또박 써 보세요.

내
차례

잘	못	이		있	으	면		고	치	기	를
주	저	하	지		말	라	.				

✏️ 뜻을 생각하며 천천히 써 보세요.

아빠
찬스

명필가 납시오~~~!

✏️ 마무리는 외워서, 한자 원문도 따라 써 보세요.

마무리

過則勿憚改

📖 어휘 마당

過 허물 과
예 과실, 과잉

則 곧 즉
예 즉시

勿 말 물
예 물론

憚 꺼리다 탄
예 기탄

改 고치다 개
예 개조, 개명

*엄마랑 번갈아 읽어도 재미있어요!

君 子 食 無 求 飽

임금 **군**　아들 **자**　먹을 **식**　없을 **무**　구할 **구**　배부를 **포**

居 無 求 安

거할 **거**　없을 **무**　구할 **구**　편안할 **안**

군자는 먹는 일에 배부름을 구하지 않고 사는 데 편안함을 구하지 않는다.

학이 14

우걱우걱

생각 다지기

인생의 목표가 뭐야? 맛있는 떡볶이 실컷 먹기? 새로 나온 스마트폰 사기? 예쁜 옷 입기?

아마 이런 것을 인생의 목표로 두는 사람은 없을 거야. 물론 맛있는 떡볶이나 최신 스마트폰, 예쁜 옷이 우리를 잠깐 행복하게 할 수는 있겠지. 하지만 이런 게 인생의 목표가 될 수는 없지 않을까?

인생의 목표는 배불리 먹고 편하게 사는 데 있지 않아. 내가 좀 불편하고 조금 덜 먹어도 다른 사람에게 베푸는 삶을 살고자 하는 것, 그게 진짜 멋진 삶이란다.

생각 넓히기

영국의 철학자 존 슈트어트 밀은 "배부른 돼지보다 배고픈 소크라테스가 낫다."라고 했단다. 편안함만 추구하고 배불리 먹는 돼지 같은 삶보다는 가난할지언정 소크라테스처럼 진리를 탐구하며 사는 게 낫다는 뜻이지.

✏️ 바른 자세로 또박또박 써 보세요.

한 번 쓰고

군	자	는		먹	는		일	에		배	부	름
을		구	하	지		않	고		사	는		데
편	안	함	을		구	하	지		않	는	다	.

✏️ 뜻을 생각하며 천천히 써 보세요.

또 쓰고

늘씨 날아가기 전에 잡아 볼까?

✏️ 마무리는 외워서, 한자 원문도 따라 써 보세요.

마무리

君子食無求飽 居無求安

어휘 마당

君 임금 **군**
예 사**군**자

食 먹을 **식**
예 **식**기, **식**구

無 없을 **무**
예 유**무**, **무**식

求 구할 **구**
예 추**구**, **구**인

飽 배부를 **포**
예 **포**식, **포**만

居 거할 **거**
예 주**거**

安 편안할 **안**
예 **안**녕, 편**안**

독거 노인을 위한 이불 세탁 자원 봉사단.

📢 큰 목소리로 또박또박 읽어 보세요.

* 엄마랑 번갈아 읽어도 재미있어요!

君 子 欲 訥 於 言
임금 **군** 아들 **자** 하고자 할 **욕** 어눌할 **눌** 어조사 **어** 말씀 **언**

而 敏 於 行
말이을 **이** 민첩할 **민** 어조사 **어** 다닐 **행**

군자는 말은 조심스럽게 하고
행동은 재빠르고자 한다.

이인 24

의리는 말로 하는 게 아니라 행동으로 보여 주는 것!

어느 자리에서든 말을 줄줄 잘하는 사람을 보면 참 부럽지? 무슨 말이든지 거침없이 내뱉고 약속도 척척 하는 사람을 보면 왠지 믿음이 갈 거야. 하지만 그 사람이 정말 믿을 만한 사람인가 아닌가는 말이 아니라 그의 행동을 봐야 한단다. 큰소리는 탕탕 치면서 실천은 전혀 하지 않는다든가, 말만 앞서고 행동이 따르지 못하는 사람은 믿을 만한 사람이 못 되지.

말로만 하는 건 쉽단다. 정말 어려운 건 자기가 말한 대로 행동하는 것이지. 말은 조심스럽고 신중할수록 실천은 빠를수록 좋단다.

위의 문장에서 '눌언민행(訥言敏行)'이라는 말이 나왔어. 눌언민행은 말은 더듬거리며 느리게 해도 실제의 행동은 재빠른 것을 말해. 백 마디의 말보다 한 번의 실천이 더욱 의미 있다는 뜻이지.

✏️ 바른 자세로 또박또박 써 보세요.

내 차례

군	자	는		말	은		조	심	스	럽	게
하	고		행	동	은		재	빠	르	고	자		한
다	.										

✏️ 뜻을 생각하며 천천히 써 보세요.

엄마 차례

명필라 넘치요~~!

✏️ 마무리는 외워서, 한자 원문도 따라 써 보세요.

마무리

君子欲訥於言 而敏於行

📖 **어휘 마당**

子 아들 **자**
예 **자**식, **자**녀

欲 하고자 할 **욕**
예 **욕**구, **욕**망

訥 어눌할 **눌**
예 어**눌**

敏 민첩할 **민**
예 **민**첩

行 다닐 **행**
예 보**행**, **행**진

춥지? 추워? 추우면 나처럼 이렇게 뛰어. 땀이 나면 덜 추워.

추워!

덜 덜

쓰윽

📢 큰 목소리로 또박또박 읽어 보세요.

*엄마랑 번갈아 읽어도 재미있어요!

欲　速　則　不　達

하고자 할 **욕**　빠를 **속**　곧 **즉**　아니 **부**　도달할 **달**

서두르면 달성하지 못한다.

자로 17

생각 다지기

세상은 점점 빨리 변해서, 무엇이든지 '빨리빨리'를 외치는 시대가 되었어. 그러나 '급할수록 돌아가라'는 말이 있지. 빨리 완성하고 싶은 마음에 서두르다 보면 놓치는 게 생기고 오히려 일을 망칠 수도 있어. 계단을 빨리 오르고 싶은 마음에 서너 계단씩 오르다가는 다치기 쉽지. 한 계단 한 계단 차근차근 올라가야 숨도 차지 않고 다리도 튼튼해지는 거야. 얼른 공부를 하고 싶은 마음에 ㄱ, ㄴ, ㄷ도 알지 못하면서 두꺼운 책을 읽으려 하면 안 되는 것처럼 공부에도 순서가 있단다.

생각 넓히기

위의 문장에서 '욕속부달(欲速不達)'이라는 말이 나왔어. 욕속부달은 빨리하려고 하면 이룰 수가 없다는 뜻이야. 너무 조급하게 서두르면 오히려 일을 망치게 된다는 말이지. '바늘허리에 실 매어 못 쓴다'라는 속담도 있단다. 성격이 급한 사람이 명심해야 할 말이야.

✏️ 바른 자세로 또박또박 써 보세요.

한 번
쓰고

서	두	르	면		달	성	하	지		못	한	다	.

📖 어휘 마당

欲 하고자 할 **욕**
예 **욕심**

速 빠를 **속**
예 **속도. 속력**

達 도달할 **달**
예 **도달. 달성**

✏️ 뜻을 생각하며 천천히 써 보세요.

또.
쓰고

들이 날아가기 전에 잡아 볼까?

✏️ 마무리는 외워서, 한자 원문도 따라 써 보세요.

마무리

欲	速	則	不	達

져거다!

📢 큰 목소리로 또박또박 읽어 보세요.

*엄마랑 번갈아 읽어도 재미있어요!

見 小 利 則
볼 견 　작을 소 　이익 리 　곧 즉

大 事 不 成
큰 대 　일 사 　아니 불 　이룰 성

작은 이익을 탐내면 큰일을 이루지 못한다.

자로 17

눈앞의 일만 보지 말고 멀리 보자!!

생각 다지기

이모가 사 온 아이스크림이 냉동실에 가득해. 엄마가 하나만 먹으라고 했는데도 동생이 먹을까 봐 달콤함에 끌려서 한자리에서 세 개나 먹었다고 생각해 봐. 동생보다 많이 먹기는 했지만 아마 곧 배탈이 나고 말 거야. 배탈 때문에 맛있는 불고기 반찬도 못 먹고, 나가서 뛰어놀지도 못하겠지. 이처럼 작은 이익을 욕심내다가는 더 큰 것을 놓치게 된단다. 장사할 때 눈앞에 보이는 큰 이익을 남기려는 마음에 비싸게 팔면 나중에는 손님이 한 명도 오지 않는단다. 어떤 일을 계획할 때는 나중 일까지 생각할 수 있어야 해. 당장 손해 보지 않고 작은 이익을 얻으려고 아등바등하다 보면 오히려 큰일을 이루지 못한단다.

생각 넓히기

비슷한 말로 '소탐대실(小貪大失)'이라는 말이 있어. 작은 것을 탐내다가 큰 것을 잃는다는 뜻이지. 소 뿔 바로잡으려다 소를 죽인다는 말도 있단다. 눈앞의 일만 보지 말고 멀리 내다보는 지혜를 지니렴.

✏️ 바른 자세로 또박또박 써 보세요.

내 차례

작은		이익을		탐내면	큰일
을		이루지		못한다.		

✏️ 뜻을 생각하며 천천히 써 보세요.

엄마 차례

명필과 났지요~~!

✏️ 마무리는 외워서, 한자 원문도 따라 써 보세요.

마무리

見 小 利 則 大 事 不 成

📖 어휘 마당

見 볼 견
예 견학

小 작을 소
예 소포장

利 이익 리
예 이익

則 곧 즉
예 즉시

大 큰 대
예 대량, 대학교

事 일 사
예 인사

成 이룰 성
예 성공

📢 큰 목소리로 또박또박 읽어 보세요.

* 엄마랑 번갈아 읽어도 재미있어요!

己 欲 立 而 立 人
자기 기 · 하고자 할 욕 · 설 립 · 말이을 이 · 설 립 · 사람 인

己 欲 達 而 達 人
자기 기 · 하고자 할 욕 · 도달할 달 · 말이을 이 · 도달할 달 · 사람 인

**내가 서고자 하면 남을 세워 주고
내가 이루고자 하면 남을 이루게 해 준다.**

옹야 28

생각 다지기

내가 칭찬받을 수 있는 가장 좋은 방법이 뭘까? 내가 내 자랑을 하는 것? 아니란다. 다른 사람을 진심으로 칭찬하는 거야. 다른 사람을 칭찬하는 마음을 가진 사람은 그 마음이 고울 테니, 다른 사람이 저절로 나를 칭찬하게 되겠지.

내가 공부를 잘하고 싶다면 다른 친구들이 공부를 잘할 수 있게 도와주는 거야. 그러면 내가 더 공부를 잘할 수 있게 된단다. 친구에게 가르쳐 주면서 내가 더 깊이 이해하고 공부할 수 있기 때문이지.

혼자서 독차지하면 잘될 것 같지만 오히려 함께 어울려서 나아갈 때 서로가 더 잘되는 법이야. 내가 잘되고 싶다면 상대방을 더 챙겨 주렴. 그러면 서로 잘될 거야.

생각 넓히기

선한 사람은 자기의 입장을 헤아려서 다른 사람도 자기와 똑같을 거라고 생각한단다. 그래서 내가 서고자 하는 곳에 남도 서게 해 주지. 처지를 바꾸어 다른 사람의 입장을 생각해 보는 태도를 '역지사지(易地思之)'라고 해.

✏️ 바른 자세로 또박또박 써 보세요.

한 번 쓰고

내	가		서	고	자		하	면		남	을
세	워		주	고		내	가		이	루	고	자
하	면		남	을		이	루	게		해		준	다

✏️ 뜻을 생각하며 천천히 써 보세요.

또 쓰고

늘써 날아가기 전에 잡아 볼까?

✏️ 마무리는 외워서, 한자 원문도 따라 써 보세요.

마무리

己欲立而立人
己欲達而達人

어휘 마당

己 자기 **기**
예 자기

欲 하고자 할 **욕**
예 의욕

立 설 **립**
예 직립

人 사람 **인**
▶ '다른 사람', '남'을 뜻함.

達 도달할 **달**
예 달인

우리 팀의
우승을 위해
난 어시스트를
해.

12

📢 큰 목소리로 또박또박 읽어 보세요.

*엄마랑 번갈아 읽어도 재미있어요!

忿　思　難
화낼 **분**　생각 **사**　어려울 **난**

화가 날 때는 어려움에 처하게 될 결과를 생각한다.

계씨 10

화가 난다!

생각 다지기

"내 숙제 공책에 낙서하면 어떡해!"
동생이 내 공책에 마구 낙서를 했다고 생각해 봐. 엄청 화가 나고 짜증이 날 거야. 이 외에도 부모님이 내 생각을 받아 주지 않거나 축구공이 내 맘대로 안 굴러갈 때에도 화가 나지. 그러나 그때마다 짜증을 팍 내거나 화를 내면 다른 사람과의 관계도 틀어지고 나한테도 별로 좋지 않아. 화를 내고 난 후에 일어날 일들을 생각해 봐. 친구와는 어색해지고 동생은 울음을 터뜨릴 것이고 엄마도 화가 나서 나를 더 혼내실 거야. 화가 날 때는 그 뒤에 어떤 일이 생길지를 생각해 보렴. 크게 심호흡을 한 번 하고 내 생각을 차분하게 이야기하면 일이 훨씬 더 잘 풀릴 거야.

생각 넓히기

위의 문장은 군자(君子)가 깊이 생각해야 할 아홉 가지 가운데 하나란다. 나머지 여덟 가지는 볼 때는 똑똑히 볼 것을 생각하고, 들을 때는 확실하게 듣기를 생각하고, 얼굴빛은 부드러울 것을 생각하고, 태도는 겸손하기를 생각하고, 말은 충실할 것을 생각하고, 일은 조심스러울 것을 생각하고, 의심스러운 것은 물어볼 것을 생각하고, 이익을 얻을 때는 의로움을 생각하라는 것이란다.

✏️ 바른 자세로 또박또박 써 보세요.

내 차례

| 화 | 가 | | 날 | | 때 | 는 | | 어 | 려 | 움 | 에 |
| 처 | 하 | 게 | | 될 | | 결 | 과 | 를 | | 생 | 각 | 한 | 다. |

🧽 어휘 마당

忿 화낼 분
예 분노

思 생각 사
예 사유

難 어려울 난
예 고난

✏️ 뜻을 생각하며 천천히 써 보세요.

엄마 차례

명필카 났지오~~!

✏️ 마무리는 외워서, 한자 원문도 따라 써 보세요.

마무리

忿 思 難

📢 큰 목소리로 또박또박 읽어 보세요.

＊아빠랑 번갈아 읽어도 재미있어요!

見 善 如 不 及
볼 견　착할 선　같을 여　아니 불　미칠 급

見 不 善 如 探 湯
볼 견　아니 불　착할 선　같을 여　찾을 탐　탕 탕

**착한 것을 보면 따라잡지 못하는 듯이 하고,
착하지 못한 것을 보면 끓는 물에
손을 집어넣은 듯이 한다.**

계씨 11

생각
다지기

할머니가 무거운 짐을 들고 가시면 어떻게 해야 할까? 우물쭈물 망설이며 누군가 나서기를 눈치 봐야 할까? 아니지. 달리기 선수처럼 힘껏 달려가 얼른 그 짐을 들어드려야겠지.

반면 아무도 없는 길거리에 지갑이 떨어져 있다면 어떻게 해야 할까? 보는 사람이 없으니 주워서 가질까? 아니지. 그런 나쁜 마음은 얼른 피해야지. 마치 끓는 물을 만지듯 아예 가까이 가지도 말고, 가까이 갔더라도 얼른 손을 빼야 한단다.

좋은 일을 할 때는 누구보다 빨리 나아가야 하고, 나쁜 일을 보거나 나쁜 마음이 들 때는 뒤도 돌아보지 않고 얼른 자리를 피해야 한단다. 그래야 우리가 사는 세상도 건강해지겠지?

생각
넓히기

《대학》에서는 "악을 미워하기를 나쁜 냄새를 싫어하듯이 하고 선을 좋아하기를 예쁜 여자를 좋아하듯이 하라."라고 했단다. 악한 일을 하지 않으려면 아예 처음부터 그 유혹에서 벗어나는 것이 지혜로운 행동이란다.

✏️ 바른 자세로 또박또박 써 보세요.

한번 쓰고	착	한		것	을		보	면		따	라	잡	지
	못	하	는		듯	이		하	고	,	착	하	지
	못	한		것	을		보	면		끓	는		물	에
	손	을		집	어	넣	은		듯	이		한	다	.

아빠 찬스													

늘써 날아가기 전에 잡아 볼까?

✏️ 마무리는 외워서, 한자 원문도 따라 써 보세요.

마무리													

見善如不及 見不善如探湯

할머니, 잠깐만요.
제가 들어 드릴게요!

에구구...
힘들어.

📢 큰 목소리로 또박또박 읽어 보세요.

*엄마랑 번갈아 읽어도 재미있어요!

見 義 不 爲
볼 **견**　옳을 **의**　아니 **불**　할 **위**

無 勇 也
없을 **무**　용기 **용**　어조사 **야**

옳은 일을 보고 행동하지 않는 것은
용기가 없는 것이다.

위정 24

하하하하

용기

생각 다지기

내 친구가 나쁜 형들에게 둘러싸여 괴롭힘을 당하고 있어. 바로 나서서 구해 주고 싶지만, 차마 발걸음이 떨어지지 않아. 목이 막힌 듯 목소리도 나오지 않고……. 왜 그럴까?

용기가 없기 때문이야. 용기란 두렵지만 그 일이 옳다고 믿기 때문에 행동하는 힘이란다. 두려움을 무릅쓰고 행동하기 때문에 용기는 대단한 거야. 옳은 일이라고 생각되면 모른 척 지나치지 말고 반드시 용기를 내어 행동해야 한단다.

그런데 잊지 말아야 할 것이 또 있어. 용기는 지혜와 함께 있을 때 더욱 빛나지. 혹시 그런 일이 생기면, 경찰을 부르거나 어른들에게 도움을 요청하는 것이 용기 있고 지혜로운 행동이란다.

생각 넓히기

참된 용기란 두려움을 전혀 느끼지 못하는 것이 아니라 두려움을 이겨 내고 올바른 길을 가기 위해서 행동하는 거란다. 물불을 가리지 않고 겁 없이 달려든다고 해서 용기 있다고 할 수는 없어. 많이 두렵지만 그 길이 옳다고 생각하기 때문에 행동하는 것이 참된 용기란다.

✏ 바른 자세로 또박또박 써 보세요.

내 차례

옳은		일을		보고		행동하지
않는		것은		용기가		없는	것
이다.						

✏ 뜻을 생각하며 천천히 써 보세요.

엄마 차례

명필가 났네요~~!

✏ 마무리는 외워서, 한자 원문도 따라 써 보세요.

마무리

見義不爲 無勇也

◆ 어휘 마당

見 볼 견
예 견습

義 옳을 의
예 정의

不 아니 불
예 불능

爲 할 위
예 행위

無 없을 무
예 무색, 무취

勇 용기 용
예 용기

112죠?
나쁜 형들이 제
친구 돈을 뺏고
있어요!

쿵

빨리 내 놔!

야!
온 내 놔!

3장 자아성찰

스스로 나를 돌아보는 하루

📢 큰 목소리로 또박또박 읽어 보세요.

*엄마랑 번갈아 읽어도 재미있어요!

不 患 人 之 不 己 知
아니 **불** 근심 **환** 사람 **인** 어조사 **지** 아니 **불** 자기 **기** 알 **지**

患 其 不 能 也
근심 **환** 그 **기** 아니 **불** 능할 **능** 어조사 **야**

**남이 나를 알아주지 않음을 걱정하지 말고
자신이 능하지 못함을 걱정하라.**

헌문 32

홈런~!

나도 잘할 수 있는데...

 생각
다지기

"옆집 동수는 미술 대회에서 상도 받아 왔더라."
엄마가 친구를 칭찬하면 괜히 '내가 더 잘할 수 있는데⋯⋯.' 하면서 입을 비죽거리기도 해.
그러나 내가 칭찬받지 못할 때 걱정해야 할 것은 다른 사람이 왜 나를 알아주지 않을까가 아니란다. 오히려 나의 실력은 어디쯤일까, 나는 칭찬받을 정도로 능력이 있을까를 걱정해야 하지. 나의 실력이 먼저 갖추어지면 남이 칭찬을 하든 안 하든, 인정을 하든 안 하든 그것은 중요하지 않단다. 나를 칭찬해 주지 않는다고 남을 탓하지 말고, 먼저 자기 자신을 살필 수 있는 사람이 되어 보렴.

 생각
넓히기

비슷한 말이 이인 편에도 등장한단다. 공자는 "자기를 알아주지 않음을 걱정하지 말고 알아줄 만한 바탕을 갖추어라."라고도 했지. 공자는 위대한 스승이지만 그가 살던 당시에는 누구도 공자를 알아주지 않았어. 하지만 그는 사람들을 원망하지 않고 스스로를 돌아보기에 힘썼단다.

✏️ 바른 자세로 또박또박 써 보세요.

한번
쓰고

남	이		나	를		알	아	주	지		않	음
을		걱	정	하	지		말	고		자	신	이
능	하	지		못	함	을		걱	정	하	라	.

✏️ 뜻을 생각하며 천천히 써 보세요.

또
쓰고

들어 날아가기 전에 잡아 볼까?

✏️ 마무리는 외워서, 한자 원문도 따라 써 보세요.

마무리

不 患 人 之 不 己 知
患 其 不 能 也

📖 어휘 마당

患 근심 환
예 환자

人 사람 인
예 인간

己 자기 기
(몸 기)
예 자기

能 능할 능
예 가능, 능력

📢 큰 목소리로 또박또박 읽어 보세요.

＊아빠랑 번갈아 읽어도 재미있어요!

不 患 無 位
아니 불　근심 환　없을 무　지위 위

患 所 以 立
근심 환　바 소　~로써 이　설 립

지위가 없음을 걱정하지 말고 지위에
설 수 있는 능력이 있는지를 걱정하라.

이인 14

프란치스코 교황

생각 다지기

포부도 당당하게 회장 선거에 나갔어. 며칠 동안 회장 후보 연설문을 쓰고 밤새 연설문을 달달 외우기까지 했어. 그런데 뚝 떨어지고 말았네. 말도 못하게 속상할 거야. 나보다 못하다고 생각했던 아이가 회장이 되었다면 더더욱 속상하겠지. 부끄러워서 어떻게 얼굴을 들고 다녀야 하나 걱정도 될 거야.

하지만 걱정하지 마. 어떤 지위를 얻거나 얻지 못하는 건 중요하지 않단다. 다만 내가 그 지위를 얻을 만한 자격이 있는 사람인지 아닌지를 늘 생각해 보고 자격을 갖추도록 노력해야 하지. 네가 어떤 자리에 서고 싶다면 그에 걸맞은 실력과 성품을 갖추었는지를 돌아보렴.

생각 넓히기

공자는 현재 자신의 처지나 환경을 탓하지 말고 자신을 돌아보고 반성할 것을 끊임없이 말했어. '잘되면 내 탓, 안 되면 남 탓'이 아니라 '잘되면 네 덕, 안 되면 내 탓'이라고 생각한 거지. 군자는 자신을 돌아볼 뿐, 남을 원망해서는 안 된다는 게 공자의 생각이야.

✏️ 바른 자세로 또박또박 써 보세요.

내 차례

지	위	가		없	음	을		걱	정	하	지
말	고		지	위	에		설		수		있	는
능	력	이		있	는	지	를		걱	정	하	라	.

✏️ 뜻을 생각하며 천천히 써 보세요.

아빠 찬스

명필가 났어요~~!

✏️ 마무리는 외워서, 한자 원문도 따라 써 보세요.

마무리

不患無位 患所以立

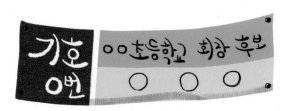

📣 **큰 목소리로 또박또박 읽어 보세요.**

* 엄마랑 번갈아 읽어도 재미있어요!

吾 十 有 五 而 志 于 學
나 **오**　열 **십**　있을 **유**　다섯 **오**　말이을 **이**　뜻 **지**　어조사 **우**　배울 **학**

나는 열다섯 살에 학문에 뜻을 두었다.

위정 4

나 꿈이 있어요~

그 꿈을 믿어요~
나를 지켜 봐요~~

도전 K-POP 오디션

위 문장의 '나'는 공자를 가리킨단다. 그 유명한 공자가 열다섯 살이 되어서야 공부에 뜻을 두었으니, 늦은 것 아니냐고? 공자는 어릴 적에 이런저런 공부를 해서 자기의 취향과 특징을 발견하고 열다섯 살쯤 되었을 때에 꿈을 정했다고 해. 공자는 학문에 힘쓰는 사람이 되기로 결심했지. 그래서 열다섯 살을 일컬어 '지학(志學)'이라고 한단다.

어른이 되어서도 꿈이 없는 사람들이 많아. 그냥 시간 가는 대로 흘러가는 대로 사는 사람들이 많지. 우리는 꿈을 갖고, 그 꿈을 향해 노력하자.

나이를 뜻하는 공자의 말을 요즘도 쓴단다. 서른 살은 뜻이 확실하게 섰다는 의미의 '이립(而立)', 마흔 살은 갈팡질팡 헤매지 않는다는 뜻의 '불혹(不惑)'이라고 해. 쉰 살은 하늘의 뜻을 깨닫게 된다는 '지천명(知天命)', 예순 살은 귀가 부드러워진다고 해서 '이순(耳順)'이라고 하지. 일흔 살은 하고 싶은 대로 해도 법도에 어긋나지 않는다는 의미에서 '종심(從心)'이라고 해.

✏️ 바른 자세로 또박또박 써 보세요.

한번 쓰고

나	는		열	다	섯		살	에		학	문	에
뜻	을		두	었	다	.						

✏️ 뜻을 생각하며 천천히 써 보세요.

또 쓰고

✏️ 마무리는 외워서, 한자 원문도 따라 써 보세요.

마무리

吾 十 有 五 而 志 于 學

늘어 날아가기 전에 잡아 볼까?

◆ 어휘 마당

十 열 십
예 십자가

有 있을 유
예 유명

五 다섯 오
예 오륜기, 오색

志 뜻 지
예 지망생, 의지

學 배울 학
예 학문, 학생

📢 큰 목소리로 또박또박 읽어 보세요.

* 엄마랑 번갈아 읽어도 재미있어요!

朽 木 不 可 雕 也
썩을 **후** 나무 **목** 아니 **불** 가능할 **가** 새길 **조** 어조사 **야**

썩은 나무에는 조각을 할 수 없다.

공야장 9

생각 다지기

멋진 조각품을 만들려면 그 재료인 나무가 단단하고 아름다워야 해. 썩은 나무는 조각을 하려 해도 나무가 툭툭 부러져서 할 수 없거든. 힘들게 조각을 한다 해도 얼마 못 가서 망가지고 말 거야. 사람도 마찬가지란다. 훌륭한 본바탕을 가진 사람이라야 그 위에 꿈도 멋지게 조각하여 완성할 수 있는 거란다.
그 사람이 훗날 어떤 사람이 될지는 어릴 때 그 싹을 보면 미리 알 수 있지. 남들이 꿈을 향해 부지런히 노력할 때 게으름을 피우고, 거짓말이나 살살 하고, 나쁜 친구들과 어울린다면 훌륭한 사람이 되긴 어렵겠지?

생각 넓히기

공자의 제자인 재여(宰予)가 낮잠을 자고 있자 공자가 화가 나서, "썩은 나무에는 조각을 할 수 없고 썩은 흙으로 쌓은 담장은 손질할 수가 없다. 이 썩은 나무 같은 녀석아!"라고 야단을 친 거야. 이해심 많은 공자도 제자가 게으름 피우는 것은 싫어했지.

✏️ 바른 자세로 또박또박 써 보세요.

내
차례

썩은	나	무	에	는		조	각	을		할
수		없	다	.						

✏️ 뜻을 생각하며 천천히 써 보세요.

엄마
차례

명필가 났쥬~~!

✏️ 마무리는 외워서, 한자 원문도 따라 써 보세요.

마무리

朽	木	不	可	雕	也

월   일

📗 어휘 마당

朽 썩을 후
예 불후

木 나무 목
예 식목일

可 가능할 가
예 허가

雕 새길 조
예 조각

📢 큰 목소리로 또박또박 읽어 보세요.

＊엄마랑 번갈아 읽어도 재미있어요!

人 無 遠 慮
사람 인　없을 무　멀 원　생각 려

必 有 近 憂
반드시 필　있을 유　가까울 근　근심 우

사람이 멀리까지 헤아리지 않으면 반드시 가까운 근심이 있게 된다.

위령공 11

헛! 이 불안감은...

걱정괴물

생각 다지기

'아직 시간이 많으니까 더 놀다가 숙제해야지.'

사람은 누구나 당장의 편안함을 따라가려고 해. 숙제를 먼저 하고 쉬면 좋으련만 일단은 놀고 나서 숙제를 하려 하고, 일주일 뒤 숙제를 해 오라고 하면 미리 해 놓으면 좋으련만 그 전날에야 허겁지겁 하지. 길게 보지 않고 당장 편하고 싶은 마음에 그랬을 거야. 그러다 보니 숙제는 대충 하게 되고, 심지어는 잊고 안 해 가기도 해. 그러면서 늘 시간에 쫓겨 살게 되지.

눈앞의 편안함만 쫓다 보면, 어느새 걱정이 성큼 다가와 있을 거야. 멀리 내다보고 지혜롭게 생각해야 걱정 근심이 곁에 오지 않는단다.

생각 넓히기

맹자는 "평생의 걱정은 있으나 하루아침의 근심은 없다."라고 했어. 평생의 걱정은 크고 높은 꿈이란다. 일생 동안 마음에 품은 큰 뜻을 갖고 살면 하루하루의 자잘한 걱정거리에 얽매이지 않게 된다는 뜻이지.

✏️ 바른 자세로 또박또박 써 보세요.

한번 쓰고

사	람	이		멀	리	까	지		헤	아	리	지
않	으	면		반	드	시		가	까	운		근	심
이		있	게		된	다	.					

✏️ 뜻을 생각하며 천천히 써 보세요.

또 쓰고

늘어 날아가기 전에 잡아 볼까?

✏️ 마무리는 외워서, 한자 원문도 따라 써 보세요.

마무리

| 人 無 遠 慮　必 有 近 憂 |

📢 큰 목소리로 또박또박 읽어 보세요.

＊아빠랑 번갈아 읽어도 재미있어요!

性 相 近 也
성품 **성**　서로 **상**　가까울 **근**　어조사 **야**

習 相 遠 也
습관 **습**　서로 **상**　멀 **원**　어조사 **야**

천성은 서로 비슷하나 습관으로 큰 차이가 생긴다.

양화 2

넌 성격이 왜 이래?

큰한! 화난다!!

얼굴도 똑같고 키도 똑같은 일란성 쌍둥이가 있어. 심지어 얼굴에 난 점까지 똑같아. 그런데 형은 늘 일찍 일어나고, 동생은 매일 늦잠을 자. 왜 그럴까? 한날한시에 태어났는데 말이야. 타고난 본성은 비슷해도, 습관 때문에 큰 차이가 생기는 거란다.
늘 일찍 일어나는 습관을 들인 형은 아침이 되면 저절로 눈이 떠지는 것이고, 늘 늦잠 자는 버릇이 있는 동생은 지각을 밥 먹듯이 하게 된 거지. 그러니까 처음부터 좋은 습관을 만드는 게 좋아. '세 살 버릇 여든까지 간다'는 말도 있잖아. 좋은 행동을 반복하면 좋은 습관을 갖게 되지만 나쁜 행동을 반복하면 나쁜 습관이 몸에 배게 된단다.

조선 후기 실학자 박지원은 '습관이 반복되면 인격이 된다.'고까지 말했어. 그러니까 사람의 성격은 어릴 때부터 반복된 행동이 굳어진 거라는 뜻이지. 어릴 때부터 좋은 습관을 길러야 커서 좋은 성격을 지닌 사람이 되는 거란다.

✏️ 바른 자세로 또박또박 써 보세요.

월   일

내 차례

천	성	은		서	로		비	슷	하	나		습
관	으	로		큰		차	이	가		생	긴	다	.

📖 어휘 마당

性 성품 성
예 성격

✏️ 뜻을 생각하며 천천히 써 보세요.

아빠 찬스

相 서로 상
예 상대

명필하 냉처오~~!

近 가까울 근
예 근시, 최근

習 습관 습
예 습성, 풍습

✏️ 마무리는 외워서, 한자 원문도 따라 써 보세요.

마무리

遠 멀 원
예 영원

| 性 | 相 | 近 | 也 | | 習 | 相 | 遠 | 也 |

📢 큰 목소리로 또박또박 읽어 보세요.

* 엄마랑 번갈아 읽어도 재미있어요!

爲 山 未 成 一 簣
할 위 산 산 아닐 미 이룰 성 하나 일 삼태기 궤

止 吾 止 也
그칠 지 나 오 그칠 지 어조사 야

산을 만들 때 한 삽을 부어
완성하지 못하고 그만두는 것도
내가 그만두는 것이다.

자한 18

100미터 달리기를 하다가 하도 힘들어서 90미터에서 주저앉고 말았어. 90미터나 달렸으니, 끝까지 다 달렸다고 할 수 있을까? 아니지. 포기한 것이란다. 그럼 누구 탓일까? 100미터나 달리게 한 선생님 탓일까? 나를 이렇게 약하게 낳은 엄마 탓일까?

중간에 그만두는 것은 그 누구의 탓도 아닌 내 책임이란다. 목표를 성공적으로 이루는 것도 내 힘으로 하는 것이고, 중도에 그만두는 것도 내가 스스로 선택한 것이지. 목표를 향해 달려가다가 포기하고 그만두어도 그 책임은 나에게 있어. 그러니 무엇을 시작했다면, 중간에 그만두지 않고 끝까지 달려가도록 힘과 끈기를 키워야겠지?

조금만 더 노력하면 완성할 수 있었는데 마무리를 잘하지 못해 실패하는 일이 많단다. '백 리를 가는 자는 구십 리가 반이다.'라는 말이 있어. 구십 리면 거의 다 온 것 같지만 이제 반이라는 마음으로 끝까지 노력하라는 뜻이지. 무엇을 하든지 내 책임이라는 마음가짐으로 끝을 잘 맺어야 한단다.

✏️ 바른 자세로 또박또박 써 보세요.

한번
쓰고

산	을		만	들		때		한		삽	을
부	어		완	성	하	지		못	하	고		그	만
두	는		것	도		내	가		그	만	두	는
것	이	다	.								

또
쓰고

📖 어휘 마당

山 산 **산**
예 한라**산**

未 아닐 **미**
예 **미**래, **미**완성

成 이룰 **성**
예 완**성**

一 하나 **일**
예 **일**등

止 그칠 **지**
예 중**지**

✏️ 마무리는 외워서, 한자 원문도 따라 써 보세요.

마무리

爲山 未成一簣 止 吾止也

다 왔어. 힘을 내요~
슈퍼 파월~!

코치

헉

도착

📢 큰 목소리로 또박또박 읽어 보세요.

＊엄마랑 번갈아 읽어도 재미있어요!

不 在 其 位
아니 부　있을 재　그 기　지위 위

不 謀 其 政
아니 불　꾀할 모　그 기　정사 정

그 자리에 있지 않으면
그 일을 맡지 않아야 한다.

태백 14

뭔지 모르지만
내가 할 거야!

생각 다지기

반에서 학예회를 하기로 했어. 어떤 친구들은 리코더를 불고, 어떤 친구들은 노래를 하고, 어떤 친구들은 태권도를 하기로 했지. 나는 태권도를 해 본 적도 없고, 노래도 자신이 없어서 리코더를 불기로 했어. 그런데 태권도를 맡은 친구들이 연습하는 것을 보니까 아주 멋져 보이는 거야. 그럼 덥석 태권도로 바꿔야 할까?

만약 그렇게 한다면 내 순서를 망치는 것은 물론이고, 학예회를 망치게 될 거야. 내가 맡을 자리가 아니라면 섣불리 그 일을 하겠다고 나서지 말아야 해. 정말 그 일을 맡고 싶다면 그에 맞는 실력을 갖춘 다음에 하는 것이 좋겠지?

생각 넓히기

무슨 일이든지 참견하고 끼어드는 사람이 있단다. 이런 사람을 '오지랖이 넓다'라고 표현해. 앞장서서 간섭하고 다니는 사람에게 "넌 왜 그렇게 오지랖이 넓니?"라고 말한단다. 자기가 나설 자리가 아닌데 지나치게 간섭하거나 아무 때나 끼어들어서는 곤란하단다.

✏️ 바른 자세로 또박또박 써 보세요.

내
차례

| 그 | | 자 | 리 | 에 | | 있 | 지 | | 않 | 으 | 면 |
| 그 | | 일 | 을 | | 맡 | 지 | | 않 | 아 | 야 | | 한 | 다. |

✏️ 뜻을 생각하며 천천히 써 보세요.

엄마
차례

명필가 낭시오~~!

✏️ 마무리는 외워서, 한자 원문도 따라 써 보세요.

마무리

不 在 其 位 不 謀 其 政

어휘 마당

在 있을 재
예 현재

位 지위 위
예 부위

謀 꾀할 모
예 모략

政 정사 정
예 정치

📢 큰 목소리로 또박또박 읽어 보세요.

*엄마랑 번갈아 읽어도 재미있어요!

人	能	弘	道
사람 인	능할 능	넓힐 홍	도 도

非	道	弘	人
아닐 비	도 도	넓힐 홍	사람 인

사람이 도를 넓히는 것이지 도가 사람을 넓히는 것이 아니다.

위령공 28

중국 문학가 루쉰

길은 스스로 만들어 가는 거야.

생각 다지기

농구 선수가 되고 싶은데 키가 작아서 고민이라고? 외교관이 되고 싶은데 소심해서 고민이라고? 이루고 싶은 꿈이 있는데 너무 높고 길이 멀어서 포기하려 한다고?
키가 작아도 얼마든지 훌륭한 농구 선수가 될 수 있어. 대신 슛을 더욱 잘하도록 노력해야 하고 또 키가 더 크도록 음식도 골고루 많이 먹어야 해. 외교관이 되고 싶다면 소심한 성격을 고치도록 노력하면서 공부도 열심히 해야겠지. 주어진 환경이나 조건을 탓하지 말고 그 길이 넓어지도록 바꾸어 가야지. 꿈을 이루기 위해서는 스스로가 길을 넓히며 가야 한단다.

생각 넓히기

중국의 유명한 문학가 루쉰은 다음과 같이 말했어. '본래 땅 위에는 길이 없었다. 걸어가는 사람이 많아지면 그것이 곧 길이 되는 것이다.' 길은 처음부터 있지 않아. 누군가가 걸어가고 뒤따라가는 사람들이 있다면 그 곳이 길이 되는 것이란다. 길은 스스로 만들어 가는 거야.

✏️ 바른 자세로 또박또박 써 보세요.

한 번 쓰고

사	람	이		도	를		넓	히	는		것	이
지		도	가		사	람	을		넓	히	는		것
이		아	니	다	.								

✏️ 뜻을 생각하며 천천히 써 보세요.

또 쓰고

늘어 날아가기 전에 잡아 볼까?

✏️ 마무리는 외워서, 한자 원문도 따라 써 보세요.

마무리

| 人 | 能 | 弘 | 道 | | 非 | 道 | 弘 | 人 |

📘 어휘 마당

人 사람 인
예 인생

弘 넓힐 홍
예 홍익인간

道 도 도
예 효도

非 아닐 비
예 비난

📢 큰 목소리로 또박또박 읽어 보세요.

＊엄마랑 번갈아 읽어도 재미있어요!

父 母 之 年
아버지 **부**　어머니 **모**　어조사 **지**　해 **년**

不 可 不 知 也
아니 **불**　가능할 **가**　아니 **부**　알 **지**　어조사 **야**

부모님의 나이는 항상
알고 있어야 한다.

이인 21

🎵 야 야 야~🎵

내 나이가
몇이냐?~🎤

엄마

아빠

좋아하는 아이돌의 나이는 몇 살? 훗, 생일까지 줄줄 꿰고 있네. 그럼 부모님의 나이는? 서른 아홉인지 마흔인지 헷갈린다고? 나를 낳아 주시고 길러 주신 부모님인데, 정작 부모님 나이는 모르고 있구나. 부모님에 대해 모든 것을 다 알 수는 없겠지만, 기본적으로 나이는 알고 있어야지. 내가 나이를 한 살 먹을 때마다 부모님도 한 살씩 더 늙어 가신단다. 때늦지 않게 효도하도록 부모님의 나이를 꼭 기억해 두자.
만약 아직도 부모님의 나이를 모르고 있다면 지금 바로 여쭤보도록!

위의 문장 뒤에는 '부모님이 오래 사신 것이 기쁘지만, 한편으로는 부모님이 늙어 가는 것이 두렵다.'라는 말이 나와. 우리가 나이를 먹게 되면, 그만큼 부모님과 함께할 수 있는 날이 점점 짧아지기 때문에 이런 말이 있겠지. 부모님의 나이를 잘 알아서 늦기 전에 효도하라는 뜻이란다.

✏️ 바른 자세로 또박또박 써 보세요.

| 부 | 모 | 님 | 의 | | 나 | 이 | 는 | | 항 | 상 | | 알 |
| 고 | | 있 | 어 | 야 | | 한 | 다 | . | | | | |

✏️ 뜻을 생각하며 천천히 써 보세요.

엄마 차례

명필과 났지요~~!

✏️ 마무리는 외워서, 한자 원문도 따라 써 보세요.

마무리

| 父 | 母 | 之 | 年 | | 不 | 可 | 不 | 知 | 也 |

📖 **어휘 마당**

父 아버지 **부**
예 **부**모

母 어머니 **모**
예 **모**녀

年 해 **년**
예 학**년**, 풍**년**

可 가능할 **가**
예 **가**망

知 알 **지**
예 **지**식인

엄마, 아빠! 기다려요!

미안하지만, 우리도 기다릴 수 없구나...

4장 군자의 인품

사람의 됨됨이란?

매일 체크!

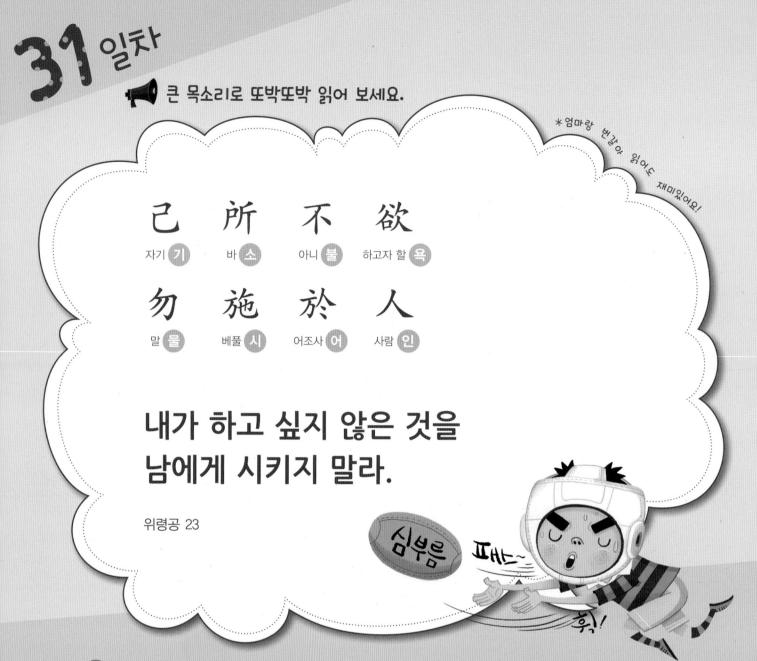

📢 큰 목소리로 또박또박 읽어 보세요.

＊엄마랑 번갈아 읽어도 재미있어요!

己 所 不 欲
자기 **기** 　바 **소** 　아니 **불** 　하고자 할 **욕**

勿 施 於 人
말 **물** 　베풀 **시** 　어조사 **어** 　사람 **인**

내가 하고 싶지 않은 것을
남에게 시키지 말라.

위령공 23

생각 다지기

"네가 가서 콩나물 사 와."

"엄마가 형한테 시켰잖아."

뜨끔하다고? 맞아. 엄마가 시킨 심부름을 동생에게 슬쩍 떠넘긴 적이 있을 거야. 학교 화장실 청소가 싫어서 친구에게 미루기도 하고. 하지만 잘 생각해 봐. 내가 하기 싫은 것은 동생도 하기 싫고, 친구도 하기 싫을 거야. 사람의 마음은 서로 비슷비슷하거든. 그러니 내가 하기 싫은 일을 남에게 억지로 시키거나 떠넘겨서는 안 돼. 내가 놀고 싶으면 동생도 놀고 싶을 테고, 내가 하기 싫은 것은 친구도 하기 싫겠지.

생각 넓히기

위의 문장은 공자의 제자가 평생에 걸쳐 실천해야 할 일을 한마디 말로 설명해 달라고 묻자 공자가 대답해 준 말이란다. 공자는 그것을 '서(恕)'라고 했어. 여기서 말하는 서는 '용서하다, 어질다'라는 뜻이란다. 자기의 마음을 미루어 남의 마음을 헤아리는 것, 이 마음이 용서이고 어짊이란다.

✏️ 바른 자세로 또박또박 써 보세요.

한번
쓰고

| 내가 | 하고 | 싶지 | 않은 | 것 |

| 을 | 남에게 | 시키지 . 말라 . |

✏️ 뜻을 생각하며 천천히 써 보세요.

또
쓰고

늘써 날아가기 전에 잡아 볼까?

✏️ 마무리는 외워서, 한자 원문도 따라 써 보세요.

마무리

己 所 不 欲 勿 施 於 人

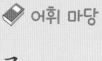

📖 어휘 마당

己 자기 기
예 이기심

所 바 소
예 소유

欲 하고자 할 욕
예 욕심

施 베풀 시
예 시공, 시행

32 일차

🔊 큰 목소리로 또박또박 읽어 보세요.

＊엄마랑 번갈아 읽어도 재미있어요!

君 子 憂 道 不 憂 貧

임금 **군** · 아들 **자** · 근심 **우** · 도 **도** · 아니 **불** · 근심 **우** · 가난할 **빈**

군자는 도를 걱정하지
가난은 걱정하지 않는다.

위령공 31

꼬르륵

"유명한 축구 선수가 되어서 돈을 많이 벌 거야."
"난 시인이 되고 싶은데, 돈을 못 벌면 어떡하지?"
꿈을 생각하면서 제일 먼저 생각하는 게 뭐야? 돈? 가난하게 살지 않을 직업이라고? 아니란다.
멋진 사람은 꿈을 생각할 때 돈이나 가난을 먼저 생각하지 않아. 자신이 진짜 하고 싶은 일이
무엇인지, 그 꿈을 이루었을 때 내가 얼마나 행복하고 즐거울지를 생각하지. 나아가 그 꿈이
세상을 얼마나 따뜻하게 할지를 생각하면 더 좋겠지. 어때? 이쯤 되면 돈에 얽매이지 않는 멋
진 꿈을 갖고 싶지?

공자가 말하길, 군자는 도(道)를 위해 힘쓰지 밥을 위해 애쓰지는 않는다고 했어. 농사를 지어
도 때로는 굶주림이 있을 수 있고, 배움에 힘쓰면 녹봉이 그 안에 있다고 했지. 학문은 순수하
게 진리를 탐구하는 것이지만 힘을 쏟다 보면 먹고사는 데 필요한 것이 그 안에 있게 되지.

✏️ 바른 자세로 또박또박 써 보세요.

내 차례

군	자	는		도	를		걱	정	하	지		가
난	은		걱	정	하	지		않	는	다	.	

✏️ 뜻을 생각하며 천천히 써 보세요.

엄마 차례

명필가 납시오~~!

✏️ 마무리는 외워서, 한자 원문도 따라 써 보세요.

마무리

君子 憂道不憂貧

📖 **어휘 마당**

君 임금 **군**
예 성군

子 아들 **자**
예 남자

憂 근심 **우**
예 우려, 우울

道 도 **도**
예 도인

貧 가난할 **빈**
예 빈곤

돈은 얼마든지 주겠네. 내 초상화를 그려 주겠나?

돈이 중요한 게 아닙니다. 예술을 담을 뿐이죠.

33일차

📢 큰 목소리로 또박또박 읽어 보세요.

*엄마랑 번갈아 읽어도 재미있어요!

君子不器
임금 **군** 아들 **자** 아니 **불** 그릇 **기**

군자는 한 가지 용도로만 쓰이는 그릇이 아니다.

위정 12

삼국지의 유비
내 그릇에 천하를 담으리!
유비의 그릇

생각 다지기

그릇은 각각 종류가 다르고 각기 쓰임새가 다르지. 예를 들어, 국그릇에는 국을 담고 간장 그릇에는 간장을 담아. 간장 그릇에 밥을 담아서는 안 되고 접시에 국을 담을 수 없는 것처럼 말이야. 그릇은 각 그릇에 딱 맞는 쓰임새가 있단다.

하지만 공자는, 사람은 그렇게 하나에만 한정되어 있으면 안 된다고 했어. 딱 하나만 담는 좁은 사람이 되지 말고 두루두루 품어 주는 넓은 성품의 사람이 되어야 한다는 거지. 딱 한 가지 일에만 쓰이는 사람이 아니라 여러모로 쓰임이 많은 사람이 되어야 해.

생각 넓히기

'군자불기(君子不器)'란 덕을 갖춘 사람은 한 가지 재능에만 제한되지 않고 두루두루 너그럽고 깊은 품성을 갖고 있다는 뜻이야. 훌륭한 인물이 되려면 나와 다른 생각을 하는 사람을 감싸 줄 수 있고 나와 다른 의견을 받아들일 줄도 알아야 한단다.

✏️ 바른 자세로 또박또박 써 보세요.

한번
쓰고

군	자	는		한		가	지		용	도	로	만
쓰	이	는		그	릇	이		아	니	다	.	

🧽 어휘 마당

君 임금 군
예 군자

✏️ 뜻을 생각하며 천천히 써 보세요.

또
쓰고

子 아들 자
예 자음

不 아니 불
예 불편

늘어 날아가기 전에 잡아 볼까?

器 그릇 기
예 기구, 무기

✏️ 마무리는 외워서, 한자 원문도 따라 써 보세요.

마무리

君	子	不	器				

만능이구나!
못하는 게 없네.

쓰임새 많은
사람이 되기
위해 노력해야죠.

English

*엄마랑 번갈아 읽어도 재미있어요!

歳 寒 然 後
해 **세** 추울 **한** 그러할 **연** 뒤 **후**

知 松 柏 之 後 彫 也
알 **지** 소나무 **송** 잣나무 **백** 어조사 **지** 뒤 **후** 시들 **조** 어조사 **야**

날씨가 추워진 뒤에야 소나무와 잣나무가 다른 나무보다 뒤늦게 시든다는 것을 안다.

자한 27

겨울이 되면 나뭇잎은 색이 바래서 떨어진단다. 하지만 소나무와 잣나무는 여전히 푸른빛을 띠고 있어. 그제야 사람들은 추운 겨울에도 소나무와 잣나무가 푸름을 간직하고 있다는 것을 깨닫게 되지. 사람도 마찬가지야.

시험도 없고, 친구들과의 다툼도 없는 편안한 날에는 우리 모두 환한 웃음을 짓지. 마음도 몸도 편하고 거리낄 것이 없거든. 그런데 시험을 코앞에 두거나 친구와 다투고 나면 사람의 성품이 어떤가에 따라 반응이 확 달라지기도 해. 어떤 친구는 짜증을 낼 것이고, 어떤 친구는 오히려 밝게 생각하면서 더 좋은 내일을 만들어 갈 거야. 평소 아무 일 없을 때에는 성품이 잘 드러나지 않지만, 어렵고 힘든 일이 닥치게 되면 그 사람의 진짜 모습을 알 수 있단다.

'상록수'는 소나무와 잣나무처럼 사계절 언제나 잎이 푸른 나무를 말해. 반대로 가을이 되면 잎이 떨어지는 나무는 '낙엽수'라고 한단다. 여름철에는 모든 잎이 푸르지만 추운 겨울이 되면 낙엽수는 앙상한 가지만 남는 데 비해 상록수는 여전히 푸른 잎을 간직하고 있지.

✏️ 바른 자세로 또박또박 써 보세요.

내 차례

날	씨	가		추	워	진		뒤	에	야		소
나	무	와		잣	나	무	가		다	른		나	무
보	다		뒤	늦	게		시	든	다	는		것	을
안	다	.										

엄마 차례

명필가 났어~~!

✏️ 마무리는 외워서, 한자 원문도 따라 써 보세요.

마무리

歲寒然後 知松柏之後彫也

📖 어휘 마당

歲 해 세
예 세월

寒 추울 한
예 한기, 한랭

然 그러할 연
예 자연

後 뒤 후
예 후회, 후식

松 소나무 송
예 송이버섯

柏 잣나무 백
예 측백나무

彫 시들 조
(새길 조)
예 조각

재가 오줌싸게 래!

어머! 푸흑!

아~흑 친구가 친구는 너밖에 없구나...

괜찮아. 쟤네들 애기는 신경쓰지 마.

📣 큰 목소리로 또박또박 읽어 보세요.

＊아빠랑 번갈아 읽어도 재미있어요!

君 子 成 人 之 美
임금 **군**　아들 **자**　이룰 **성**　사람 **인**　어조사 **지**　아름다울 **미**

不 成 人 之 惡
아니 **불**　이룰 **성**　사람 **인**　어조사 **지**　악할 **악**

군자는 남의 아름다움을 이루게 하고 남의 악함은 이루지 못하게 한다.

안연 16

정말 좋은 친구란 어떤 친구일까? 나한테 떡볶이를 많이 사 주는 사람? 나랑 놀아 주는 사람? 그런 사람들도 좋은 친구지만 가장 좋은 친구는 나의 장점을 키워 주고 나의 단점을 작게 만들어 주는 친구란다.

사람들은 대개 다른 사람이 나보다 잘되는 것을 질투하지. 그래서 친구의 좋은 점은 굳이 말하지 않고, 나쁜 점을 드러내서 놀리곤 해. 하지만 정말 좋은 사람은 친구가 잘되길 바라서, 좋은 점을 북돋워 준단다.

군자는 다른 사람을 자신과 같이 사랑할 줄 아는 사람이란다. 그래서 누군가를 사랑하면 그 사람의 좋은 점을 적극적으로 드러내 주고 나쁜 점은 숨겨 주려고 하지. 그런데 소인은 이와 반대로 행동한단다.

✏️ 바른 자세로 또박또박 써 보세요.

한번
쓰고

군	자	는		남	의		아	름	다	움	을
이	루	게		하	고		남	의		악	함	은
이	루	지		못	하	게		한	다	.

✏️ 뜻을 생각하며 천천히 써 보세요.

아빠
찬스

명필가 냄새가 ~~!

✏️ 마무리는 외워서, 한자 원문도 따라 써 보세요.

마무리

君子成人之美
不成人之惡

📣 큰 목소리로 또박또박 읽어 보세요.

*엄마랑 번갈아 읽어도 재미있어요!

過 猶 不 及

지나칠 **과**　　오히려 **유**　　아니 **불**　　미칠 **급**

지나친 것은 미치지 못한 것과 같다.

선진 15

너무 먹었더니

숨쉬기 힘들어

몸에 좋다고 해서 비타민을 한꺼번에 한 주먹씩 먹으면 어떻게 될까? 분명 부작용이 나고 말거야. 내일이 수학 시험이라고 밤새 한숨도 안 자고 문제를 푼다면 어떻게 될까? 시험은 잘 봤을지 모르겠지만 아마 건강에 이상이 생겨 몸져눕고 말 거야. 공부를 덜 했으면 시험은 조금 못 보더라도 건강은 잃지 않았겠지.

아무리 좋은 것이라도 너무 지나치면 좋지 않단다. 오히려 모자란 것이 차라리 낫지. 무엇이든지 정도에 맞게 하는 것이 중요해. 지나치지 않게 넘치지 않게.

공자는 한쪽으로 치우치거나 지나친 것을 경계했단다. 그런 공자의 중심 사상을 '중용(中庸)'이라고 하지. 중용은 지나치거나 모자라지 않고 한쪽으로 치우침이 없는 상태를 말해. 단순히 가운데를 말하는 게 아니라 그 상황에 알맞은 곧음을 뜻하지.

✏️ 바른 자세로 또박또박 써 보세요.

내
차례

지	나	친		것	은		미	치	지		못	한
것	과		같	다	.							

✏️ 뜻을 생각하며 천천히 써 보세요.

엄마
차례

명필과 낳치인~~!

✏️ 마무리는 외워서, 한자 원문도 따라 써 보세요.

마무리

過	猶	不	及				

🧽 어휘 마당

過 지나칠 **과**
예 과식, 과다

猶 오히려 **유**
예 유혹

不 아니 **불**
예 불리

及 미칠 **급**
예 급제

아 야 야 야~...

요즘 무리한다 했어...

📢 큰 목소리로 또박또박 읽어 보세요.

＊엄마랑 번갈아 읽어도 재미있어요!

見 利 思 義
볼 **견**　이익 **리**　생각 **사**　의로울 **의**

見 危 授 命
볼 **견**　위기 **위**　줄 **수**　목숨 **명**

이익을 보면 정의를 생각하고 위태로움을 보면 목숨을 바친다.

헌문 13

안중근 의사

가게에서 과자를 사고 거스름돈을 받았는데, 주인 아주머니가 본래 받아야 할 돈보다 많이 주셨어. 그럼 어떻게 해야 할까? 주인 아주머니에게 말씀드리고 더 받은 만큼 돌려드려야 하겠지. 친구가 위험에 빠졌다면 어떻게 해야 할까? 몸 바쳐 친구를 구해야지.

김구 선생이나 안중근 의사를 떠올려 보자. 그들은 조국의 위태로움을 보고 목숨을 바쳤어. 덕분에 우리나라는 이렇게 독립을 이룰 수 있었단다. 눈앞에 보이는 이익이라 해도 이것이 정말 옳은 일인가 잘 생각해 봐야 해. 또 정의를 위해서라면 위태로운 상황일지라도 용감하게 의로운 일을 행해야 한단다.

안중근 의사의 유묵(遺墨)에 위의 문장이 새겨져 있어. '유묵'이란 죽은 사람이 살아 있을 때 남긴 글씨를 말한단다. 이 글귀는 독립 운동 역사를 연구하는 자료로 보물 제569-6호로 지정되어 있을 만큼 값지단다.

✏️ 바른 자세로 또박또박 써 보세요.

한 번
쓰고

이	익	을		보	면		정	의	를		생	각
하	고		위	태	로	움	을		보	면		목	숨
을		바	친	다	.							

✏️ 뜻을 생각하며 천천히 써 보세요.

또
쓰고

늘어 날아가기 전에 잡아 볼까?

✏️ 마무리는 외워서, 한자 원문도 따라 써 보세요.

마무리

| 見利思義　見危授命 |

📖 어휘 마당

見 볼 견
예 접견

利 이익 리
예 편리

思 생각 사
예 사고력

義 의로울 의
예 의리

危 위기 위
예 위험

授 줄 수
예 수업, 수수

命 목숨 명
예 수명

📢 큰 목소리로 또박또박 읽어 보세요.

*엄마랑 번갈아 읽어도 재미있어요!

人 之 生 也 直
사람 **인** 어조사 **지** 날 **생** 어조사 **야** 곧을 **직**

사람이 살아가는 바탕은 정직이다.

옹야 17

공자 왈~

생각
다지기

길을 가다 만 원짜리 지폐가 떨어져 있는 것을 본 순간, 어떡할래? 보는 사람이 없으면 그냥 주워서 가져가도 상관없다고 생각할지도 몰라. 그러나 정말 아무도 모르는 것일까? 아무도 본 사람이 없다 해도 스스로는 자신이 정직하지 못했다는 것을 알겠지.

정직함이란 남뿐만 아니라 스스로를 속이지 않는 거란다. 내 것이 아닌 돈을 갖는 것은 스스로를 속이는 행동이야. 남들은 몰라도 나는 알거든. 아무리 작은 것일지라도 내 것이 아니라면 손대지 않는 게 정직한 행동이지. 고민하지 말고 경찰서에 가져다 주는 게 가장 좋은 방법이란다.

생각
넓히기

공자는 '곧은 것을 올려서 굽은 것 위에 놓으면 굽은 것을 곧게 만들 수 있다.'라고 했단다. 정직한 사람을 잘 뽑아서 높은 자리에 앉히면 그 밑에 있는 굽은 사람들도 곧은 사람으로 바뀌게 된다는 뜻이지. '정직'은 사람이 살아가는 데 가장 우선적으로 지녀야 할 덕목이란다.

✏️ 바른 자세로 또박또박 써 보세요.

내 차례

사	람	이		살	아	가	는		바	탕	은	
정	직	이	다	.								

📖 어휘 마당

人 사람 **인**
예 **인**기, 성**인**

生 날 **생**
예 **생**명, **생**일
▶ '살아가다'의 뜻으로 쓰임.

直 곧을 **직**
예 솔**직**

✏️ 뜻을 생각하며 천천히 써 보세요.

엄마 차례

명필가 났네~~!

✏️ 마무리는 외워서, 한자 원문도 따라 써 보세요.

마무리

人	之	生	也	直							

*엄마랑 번갈아 읽어도 재미있어요!

君 子 求 諸 己
임금 군　아들 자　구할 구　어조사 저　자기 기

小 人 求 諸 人
작을 소　사람 인　구할 구　어조사 저　사람 인

**군자는 자기에게 구하고
소인은 남에게 구한다.**

위령공 20

생각 다지기

내가 시험을 망치면 공부를 방해하고 떠든 동생 탓. 축구 시합에서 지면 제대로 골문을 지키지 못한 골키퍼 탓. 밥맛이 없으면 요리를 못하는 엄마 탓. 어떤 일이 생기든 남의 탓만 하는 사람이 있어. 하지만 이렇게 남의 탓만 하는 사람은 평생 발전할 수가 없단다. 스스로를 반성하지 않기 때문이야.

훌륭한 사람은 원인을 먼저 자기 자신에게서 찾는단다. 공부를 소홀히 하지는 않았는지, 축구 연습을 제대로 했는지, 군것질을 너무 많이 해서 밥맛이 없는 것인지, 자신을 돌아보는 게 먼저야. 남을 탓하기 전에 자기를 먼저 돌아보고 반성할 때 사람은 훌쩍 크게 된단다.

생각 넓히기

'반구저기(反求諸己)'라는 말이 있어. 잘못을 자신에게서 찾는다는 뜻이지. 사람들은 대개 문제가 생기면 그 문제의 원인을 남 탓으로 돌리기 쉬워. 그러나 군자는 먼저 나 자신에게서 잘못을 찾아 고쳐 나간단다.

✏️ 바른 자세로 또박또박 써 보세요.

| 한 번 쓰고 |

| 군 | 자 | 는 | | 자 | 기 | 에 | 게 | | 구 | 하 | 고 |
| 소 | 인 | 은 | | 남 | 에 | 게 | | 구 | 한 | 다 | . |

📖 어휘 마당

求 구할 구
예 요구, 구제

己 자기 기
예 지피지기

人 사람 인
예 타인

小 작을 소
예 소형

✏️ 뜻을 생각하며 천천히 써 보세요.

| 또 쓰고 |

늦어 날아가기 전에 잡아 볼까?

✏️ 마무리는 외워서, 한자 원문도 따라 써 보세요.

| 마무리 |

君子求諸己 小人求諸人

📢 큰 목소리로 또박또박 읽어 보세요.

* 아빠랑 번갈아 읽어도 재미있어요!

衆 惡 之 　 必 察 焉
무리 중 　 싫어할 오 　 그것 지 　 반드시 필 　 살필 찰 　 어조사 언

衆 好 之 　 必 察 焉
무리 중 　 좋아할 호 　 그것 지 　 반드시 필 　 살필 찰 　 어조사 언

여러 사람이 미워해도 반드시 살피며 여러 사람이 좋아해도 반드시 살펴야 한다.

위령공 27

저도 잘 살펴보세요~!

국민 MC

생각 다지기

반 친구 중에 왕따가 있다고? 왜 왕따인지는 모르지만, 남들이 싫어하니까 너도 싫어하는 거야? 에이, 그러면 안 돼. 다른 사람들이 특별한 이유 없이 왕따를 만들었을지도 모르잖아. 혹은 남들은 모르는 아주 억울한 사정이 그 친구에게 있을 수도 있고.
반대로 잘 모르는 사람인데 남들이 좋아하니까 우르르 같이 좋아한다고? 어허, 그것도 좋은 태도는 아니야. 다른 사람이 하는 말과 행동에 생각 없이 무조건 따라가면 안 돼. 어떤 사람인지 잘 살펴보고 믿을 만한지 스스로 판단해야지. 많은 사람이 같은 마음이라 해도 반드시 직접 살펴본 후 정해도 늦지 않단다.

생각 넓히기

많은 사람이 좋아하면 훌륭한 사람이고 많은 사람이 싫어하면 나쁜 사람이라고 생각하기 쉬워. 그러나 우리가 존경하는 위대한 사람들 가운데는 그 당시에는 전혀 인정받지 못하던 사람도 있고 심지어 따돌림을 당하기도 했단다. 그 사람이 어떤 사람인지는 남의 말을 믿지 말고 자신이 직접 경험해야 알 수 있어.

✏️ 바른 자세로 또박또박 써 보세요.

내 차례

여	러		사	람	이		미	워	해	도		반
드	시		살	피	며		여	러		사	람	이
좋	아	해	도		반	드	시		살	펴	야	한
다	.											

아빠 찬스

(빈칸)

명필하 낭서인~~!

✏️ 마무리는 외워서, 한자 원문도 따라 써 보세요.

마무리

(빈칸)

衆惡之 必察焉
衆好之 必察焉

어휘 마당

衆 무리 **중**
예 대중

惡 싫어할 **오**
예 증오

必 반드시 **필**
예 필연

察 살필 **찰**
예 관찰

好 좋아할 **호**
예 호감

잘 살펴보고 좋아할 만한 사람인시 판단해야지. 오빠♥

사랑해요♥ 오빠♥ 무조건 사랑해요 오빠! 오빠 사랑해요

5장 관계

나, 너 그리고 우리

매일 체크!

📢 큰 목소리로 또박또박 읽어 보세요.

*엄마랑 번갈아 읽어도 재미있어요!

三 人 行
셋 **삼**　사람 **인**　다닐 **행**

必 有 我 師 焉
반드시 **필**　있을 **유**　나 **아**　스승 **사**　어조사 **언**

세 사람이 길을 가면 그중에 반드시 내 스승이 있다.

술이 21

생각 다지기

친구들 중에는 나보다 달리기를 잘하는 친구도 있고, 나보다 성격이 급한 친구도 있어. 그리고 그 친구들 중에는 반드시 내가 배울 만한 친구가 있단다.

나보다 잘하는 친구에게서만 배울 수 있다고? 꼭 그렇지는 않아. 나보다 부족한 친구도 나에게 가르침을 준단다. 성격이 급해서 화를 잘 내는 친구를 보면 나는 화를 좀 참아야지 하는 가르침을 얻고, 늘 지각하는 친구를 보면 나는 일찍 일어나서 부지런히 학교에 와야지 하는 가르침을 얻게 되잖아. 나보다 잘하는 친구에서는 장점을, 나보다 못한 친구에게서는 단점을 통해 배움을 얻을 수 있다면 모든 친구가 내 스승이 될 수 있을 거야.

중요한 것은 배우려고 하는 내 마음가짐이란다.

생각 넓히기

위 문장에서 삼인(三人)은 누구일까? 한 사람은 바로 나 자신이고, 나머지 두 사람은 나보다 나은 사람과 나보다 못한 사람을 가리켜. 다른 사람이 어떠하든 간에 내가 배우고자 하는 마음만 있다면 세상 누구도 좋은 스승이 될 수 있단다.

✏️ 바른 자세로 또박또박 써 보세요.

한번
쓰고

세		사	람	이		길	을		가	면		그
중	에		반	드	시		내		스	승	이		있
다	.											

✏️ 뜻을 생각하며 천천히 써 보세요.

또
쓰고

늘어 날아가기 전에 잡아 볼까?

✏️ 마무리는 외워서, 한자 원문도 따라 써 보세요.

마무리

三人行 必有我師焉

📖 어휘 마당

三 셋 **삼**
예 **삼**각형

行 다닐 **행**
예 여**행**

有 있을 **유**
예 보**유**

我 나 **아**
예 **아**집

師 스승 **사**
예 강**사**

월   일

🔊 큰 목소리로 또박또박 읽어 보세요.

*엄마랑 번갈아 읽어도 재미있어요!

德 不 孤 必 有 隣

덕 **덕** 　 아니 **불** 　 외로울 **고** 　 반드시 **필** 　 있을 **유** 　 이웃 **린**

덕이 있는 사람은 외롭지 않으니 반드시 따르는 이웃이 있다.

이인 25

같이 가.

나도 같이 가자.

생각 다지기

친구들과 늘 사이좋게 지내려 노력하고 따뜻한 말도 잘 건네고 물건도 잘 빌려 주는데 아직 친한 친구가 없다고? 전혀 걱정할 필요 없어. 다른 친구들에게 따뜻하게 대하는 사람 곁에는 늘 따르는 친구가 생기게 마련이거든. 조금 있으면 너의 따뜻한 마음에 반한 친구들이 네 곁에 웅성웅성할 거야.

따뜻한 마음을 지닌 사람은 주위에 그를 존경하고 따르는 친구가 반드시 있단다. 좋은 일을 하다 보면 지치고 힘들 때도 있겠지만, 그렇게 함께하는 친구들이 있기에 서로 북돋워 주면서 앞으로 나아가는 거란다.

생각 넓히기

혼자 가면 외롭지만 함께 가면 행복할 수 있단다. 또 혼자 가면 빨리 갈 수 있지만 함께 가면 멀리 갈 수 있지. 선한 일을 할 때 혼자 하면 지치고 외로울 수 있지만 함께하면 즐겁고 서로 의지할 수 있어. 선한 일을 함께할 수 있는 좋은 친구를 만들자.

✏️ 바른 자세로 또박또박 써 보세요.

내 차례

덕	이		있	는		사	람	은		외	롭	지
않	으	니		반	드	시		따	르	는		이	웃
이		있	다	.								

✏️ 뜻을 생각하며 천천히 써 보세요.

엄마 차례

명필가 났소이~~!

✏️ 마무리는 외워서, 한자 원문도 따라 써 보세요.

마무리

德 不 孤 必 有 隣

📕 **어휘 마당**

德 덕 **덕**
예 도덕

孤 외로울 **고**
예 고독

必 반드시 **필**
예 필시, 필요

隣 이웃 **린**
예 교린

안녕, 우리 같이 하자.

나오 같이 하고 싶어.

우리 애완동물을

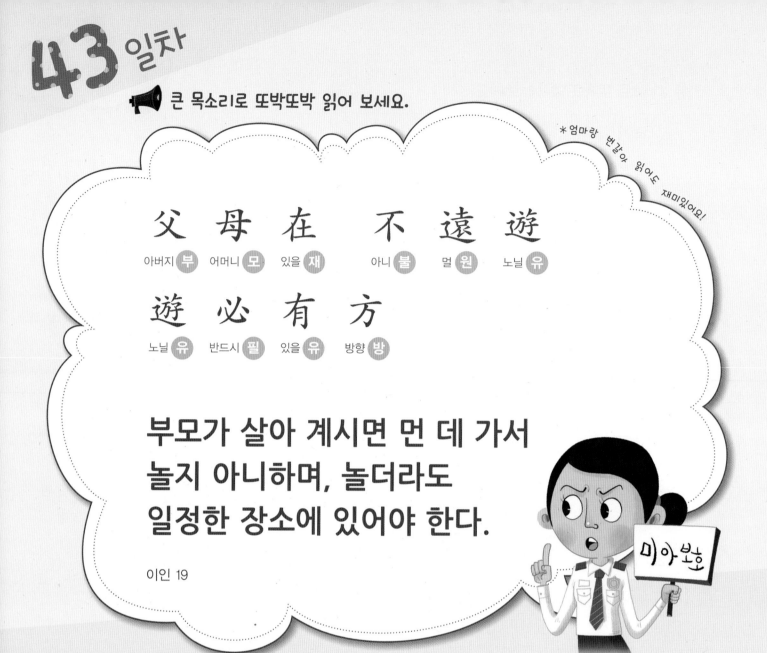

"어디서 놀다가 이제 온 거야? 엄마가 얼마나 걱정한 줄 알아?"

말도 없이 집에 늦게 들어갔다가 엄마에게 호되게 야단맞은 적이 있을 거야. 자식이 어디에 있는지 모르면 부모님의 속은 새까맣게 타들어 간단다. 혹시 사고가 난 것은 아닐까, 나쁜 사람에게 끌려간 것은 아닐까 하는 생각에 애가 타고 발을 동동 구르게 되지.

그러니 절대로 부모님께 말도 없이 멀리 가서 놀아서는 안 돼. 가더라도 늘 놀던 곳에서 놀아야 부모님이 걱정을 덜 하셔. 집을 나갈 때에는 반드시 부모님께 가는 곳을 알리고 돌아와서도 반드시 이야기를 해야 한단다.

'의문지망(依門之望)'이라는 말이 있어. 부모가 문에 기대어 자식이 돌아오기를 바라본다는 뜻이지. 자식이 아침에 나가서 늦게 오면 부모님은 집 대문에 기대어 언제 오는지 하염없이 바라보고, 날이 저물도록 돌아오지 않으면 동구 밖까지 나가서 자식이 돌아오기를 기다린다는 뜻이란다.

✏️ 바른 자세로 또박또박 써 보세요.

한번
쓰고

부	모	가		살	아		계	시	면		먼
데		가	서		놀	지		아	니	하	며,	놀
더	라	도		일	정	한		장	소	에		있	어
야		한	다.								

또
쓰고

늘어 날아가기 전에 잡아 봐라?

✏️ 마무리는 외워서, 한자 원문도 따라 써 보세요.

마무리

父母在 不遠遊 遊必有方

🧽 어휘 마당

父 아버지 부
예 학부모

母 어머니 모
예 모유

在 있을 재
예 소재

遠 멀 원
예 원거리

遊 노닐 유
예 유람선

方 방향 방
예 방향, 사방

📢 큰 목소리로 또박또박 읽어 보세요.

*엄마랑 번갈아 읽어도 재미있어요!

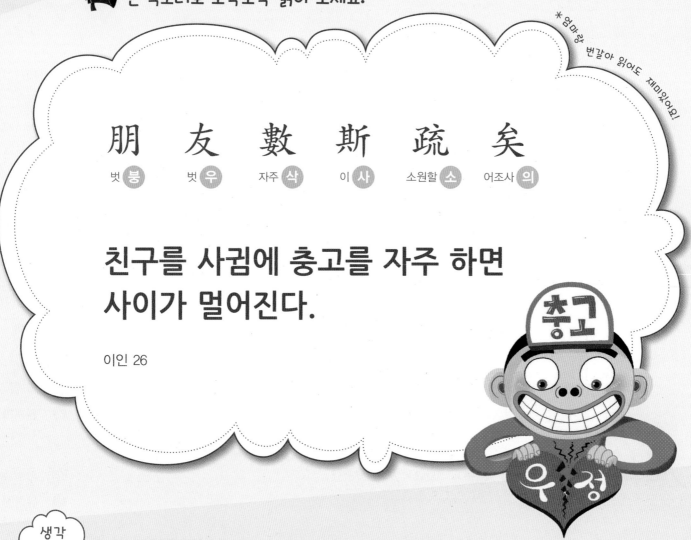

朋　友　數　斯　疏　矣
벗 붕　벗 우　자주 삭　이 사　소원할 소　어조사 의

친구를 사귐에 충고를 자주 하면 사이가 멀어진다.

이인 26

💬 **생각 다지기**

"너는 머리를 풀어야 얼굴이 작아 보여."

"어머, 옷은 또 그게 뭐니?"

"살 좀 빼!"

친구에게 충고를 해 준답시고 매일매일 이렇게 말하면 어떻게 될까? 아마 며칠 못 가 친구가 크게 화를 내며 친구 사이를 끊자고 할지도 몰라. 아무리 친한 사이라도, 아무리 좋은 충고라도 자주 하다 보면 듣기 거북하단다. 충고를 계속하면 상대방의 자존심을 긁어서 서운한 마음이 생기게 하지. 친구랑 아무리 친해졌다 하더라도, 너무 자주 충고를 하면 친구 사이는 금세 멀어질 거야. 아직 충분히 친해지지 않았을 때 하는 충고는 더더욱 서운하게 만들겠지. 나와 달라도 친구의 개성으로 인정해 주면 충고할 것이 줄어들 거야. 오히려 친구가 가진 장점을 칭찬해 주는 것은 어떨까?

💬 **생각 넓히기**

붕우삭(朋友數)에서 삭(數)은 본래 숫자 수(數)란 뜻이란다. '수'가 '삭'으로 발음될 때는 '자주', '번번이'란 뜻으로 쓰이지. 위 문장에서는 '자주 충고하다'라는 뜻으로 쓰였어. 소원할 소(疎)는 '사이가 멀다'는 뜻이란다.

✏️ 바른 자세로 또박또박 써 보세요.

내 차례	친	구	를		사	귐	에		충	고	를		자
	주		하	면		사	이	가		멀	어	진	다 .

✏️ 뜻을 생각하며 천천히 써 보세요.

엄마 차례

명필가 냉씨인~~!

✏️ 마무리는 외워서, 한자 원문도 따라 써 보세요.

마무리

朋 友 數 斯 疏 矣

월   일

📖 어휘 마당

朋 벗 붕
예 붕우유신

友 벗 우
예 우정

數 자주 삭
(숫자 수)
▶ '자주',
'번번이'라는
뜻으로 쓰임.
예 수학

疏 소원할 소
예 소외

📢 큰 목소리로 또박또박 읽어 보세요.

*아빠랑 번갈아 읽어도 재미있어요!

父 爲 子 隱
아버지 부　할 위　아들 자　숨길 은

子 爲 父 隱
아들 자　할 위　아버지 부　숨길 은

아버지는 자식을 위해 숨겨 주고
자식은 아버지를 위해 숨겨 준다.

자로 18

죄는 미워할 수 있지만……

변호사

생각
다지기

아버지가 남의 물건을 훔쳤다고 하자. 그러면 자식은 어떻게 해야 할까? 도둑질한 죄에 대해 고발해야 정직한 행동 같지? 아무리 부모와 자식 사이라도 잘못한 일에 대해서는 그 책임을 묻고 죄의 대가를 받도록 하는 것이 더 옳은 일이라고 생각할 수 있어. 그런데 공자는 다르게 말했단다. 자식은 아버지를 위해 숨겨 주어야 한다고 했지. 아들이 만약 그런 짓을 했다면 아버지도 자식을 위해 숨겨 주어야 한다고 말이야. 가족 간의 믿음과 사랑은 가장 근본이 되는 인간의 도리이므로 잘잘못을 따지기에 앞서 서로 감싸 주어야 한다는 깊은 뜻이 있단다.

생각
넓히기

공자가 살던 시대는 인륜이 땅에 떨어져서 사람들이 서로를 믿지 못하는 일이 많았어. 그래서 공자는 가족만큼은 서로를 믿고 의지해야 한다는 의미에서 위와 같은 말을 한 거란다. 가족이 서로를 믿어 주고 화목할 때 비로소 사회가 아름다워진단다.

✏️ 바른 자세로 또박또박 써 보세요.

한 번
쓰고

아	버	지	는		자	식	을		위	해		숨
겨		주	고		자	식	은		아	버	지	를
위	해		숨	겨		준	다	.				

✏️ 뜻을 생각하며 천천히 써 보세요.

아빠
찬스

명필과 났어요~~!

✏️ 마무리는 외워서, 한자 원문도 따라 써 보세요.

마무리

父爲子隱 子爲父隱

46 일차

🔊 큰 목소리로 또박또박 읽어 보세요.

* 엄마랑 번갈아 읽어도 재미있어요!

友 直 友 諒
벗 우 곧을 직 벗 우 성실할 량

友 多 聞 益 矣
벗 우 많을 다 들을 문 이로울 익 어조사 의

정직한 사람을 벗하며 성실한
사람을 벗하며 견문이 넓은
사람을 벗하면 유익하다.

계씨 4

좋은 친구를 찾습니다.

생각 다지기

어떤 친구를 사귀어야 좋은 걸까? 사람들은 돈이 많은 사람, 힘이 센 사람을 가까이하려고 하지. 하지만 그런 사람을 사귄다고 해서 내 삶에 큰 도움이 되지 않아. 나의 삶을 바르게 하는 데 도움을 주는 사람은 정직한 사람, 성실한 사람, 아는 것이 많은 사람이야. 공자는 그런 사람을 사귀라고 했어.

정직한 사람과 친구가 되면 내 잘못을 고칠 수 있고, 성실한 사람과 친구가 되면 나도 그 성실함을 본받을 수 있겠지. 아는 것이 많은 사람을 가까이하면 내 지식도 넓어질 수 있단다. 그런데 이런 친구를 찾아다니지만 말고 내가 먼저 그런 친구가 되도록 노력하는 것은 어떨까?

생각 넓히기

좋은 친구와는 반대로 사귀었을 때 해가 되는 세 부류의 친구가 있단다. 한쪽으로 치우친 친구, 입에 발린 말만 하는 친구, 말만 번지르르 하는 친구는 사귀면 해롭다고 했단다. 유익한 친구를 사귀어야 나도 그 친구를 닮아서 좋은 사람이 될 수 있는 법이지.

✏️ 바른 자세로 또박또박 써 보세요.

내차례											

정 직 한   사 람 을   벗 하 며   성

실 한   사 람 을   벗 하 며   견 문 이

넓 은   사 람 을   벗 하 면   유 익 하

다 .

엄마 차례

명필하 냄새인~~!

✏️ 마무리는 외워서, 한자 원문도 따라 써 보세요.

마무리

友 直 友 諒 友 多 聞 益 矣

◈ 어휘 마당

友 벗 우
예 우애

直 곧을 직
예 직선, 정직

諒 성실할 량
예 양해, 선량

多 많을 다
예 다작, 다수

聞 들을 문
예 풍문

益 이로울 익
예 유익, 익충

난 김 정직 이라고 해.

안녕, 난 이 성실! 반가워.

박 견문 이야. 안녕!

안녕~!

🔊 큰 목소리로 또박또박 읽어 보세요.

*엄마랑 번갈아 읽어도 재미있어요!

故 舊 無 大 故
옛 고 오랠 구 없을 무 큰 대 연고 고

則 不 棄 也
곧 즉 아니 불 버릴 기 어조사 야

옛 친구는 큰 잘못이 없는 한 버리지 않는다.

미자 10

어린 시절부터 소중한 친구였던 널 버릴 수 없어.

생각 다지기

"이 연예인이 더 예뻐."

"아니야. 이 연예인이 더 예쁘다니까."

정말 아무것도 아닌 일인데, 친한 친구와 다툰 일이 있을 거야. 아무리 생각해도 내 의견이 맞는 것 같은데, 끝까지 자기 생각이 맞다고 우기는 친구가 얄미워서 씩씩거리기도 하고. 그러다가 아예 마음이 상하게 되면 해서는 안 될 생각까지 하지. '그 친구랑 다시는 안 놀 거야. 말도 안 할 거야.' 하지만 오래된 친구는 쉽게 버려서는 안 된단다. 사소한 다툼은 물론이고 혹시 친구가 작은 실수를 했다 하더라도 큰 잘못이 아니라면 품어 주고 이해해 주어야 해. 오래된 인연은 아주 소중하거든.

생각 넓히기

'친구(親舊)'란 가까울 친(親), 오랠 구(舊), 즉 가까이 두고 오래 사귄 사람이라는 뜻이야. 사람들은 새것을 좋아하지만 친구는 오래될수록 사이가 더 깊고 단단해진단다.

✏️ 바른 자세로 또박또박 써 보세요.

한번
쓰고

옛		친	구	는		큰		잘	못	이		없
는		한		버	리	지		않	는	다	.	

✏️ 뜻을 생각하며 천천히 써 보세요.

또
쓰고

글씨 날아가기 전에 잡아 볼까?

✏️ 마무리는 외워서, 한자 원문도 따라 써 보세요.

마무리

故	舊	無	大	故	則	不	棄	也

월   일

📖 어휘 마당

故 옛 고
예 고사성어

舊 오랠 구
예 친구

無 없을 무
예 무해

大 큰 대
예 대학교, 대문

棄 버릴 기
예 포기

우리가 친구로 지낸지 얼마나 되었지?

허허허 하하

글쎄 한 50년쯤 되었나?

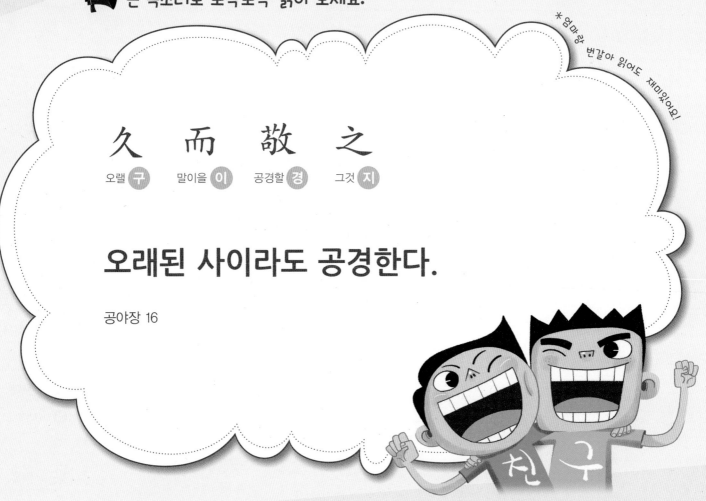

📢 큰 목소리로 또박또박 읽어 보세요.

* 엄마랑 번갈아 읽어도 재미있어요!

久 而 敬 之
오랠 **구** 말이을 **이** 공경할 **경** 그것 **지**

오래된 사이라도 공경한다.

공야장 16

생각 다지기

"개똥아!"

"뭐? 이 소똥아!"

친한 친구라서 스스럼없이 함부로 대하고 아무렇게나 장난치는 경우가 있을 거야. 친한 친구니까 내 마음을 다 알아줄 거라고 생각하는 거겠지. 심지어는 가장 친한 친구와의 시간 약속도 제대로 안 지키는 경우가 있어. '친구 사이에 뭘' 하면서 어물쩍 넘어가려 하고. 하지만 오래 사귄 친구일수록 더욱 배려해 주고 존중해 주어야 한단다. 친구도 그렇지만, 가족도 배려하고 존중해야 할 대상이야.

소중한 보물일수록 귀하게 여기듯이, 소중한 사람일수록 더욱 아끼고 조심해야 해. 편하게 대하는 것이 함부로 대해도 된다는 뜻은 절대 아니란다.

생각 넓히기

경(敬)은 높이다, 받들다는 뜻이란다. 그래서 '공경'은 받들어 모신다는 뜻이야. 보통 나보다 지위가 높은 사람, 나이가 많은 사람은 받들어 주지만 나와 나이가 비슷한 사람이나 나이가 적은 사람은 공경하기가 쉽지 않지. 편한 사이일수록 상대방을 존중해 주는 마음가짐이 필요해.

✏️ 바른 자세로 또박또박 써 보세요.

내 차례	오	래	된		사	이	라	도		공	경	한	다.

📖 어휘 마당

久 오랠 구
예 영구

而 말이을 이
▶ '그러나, 그런데도'의 뜻으로 쓰임.

敬 공경할 경
예 공경, 동경

✏️ 뜻을 생각하며 천천히 써 보세요.

엄마 차례

명필가 납시오~~!

✏️ 마무리는 외워서, 한자 원문도 따라 써 보세요.

마무리

久而敬之

49 일차

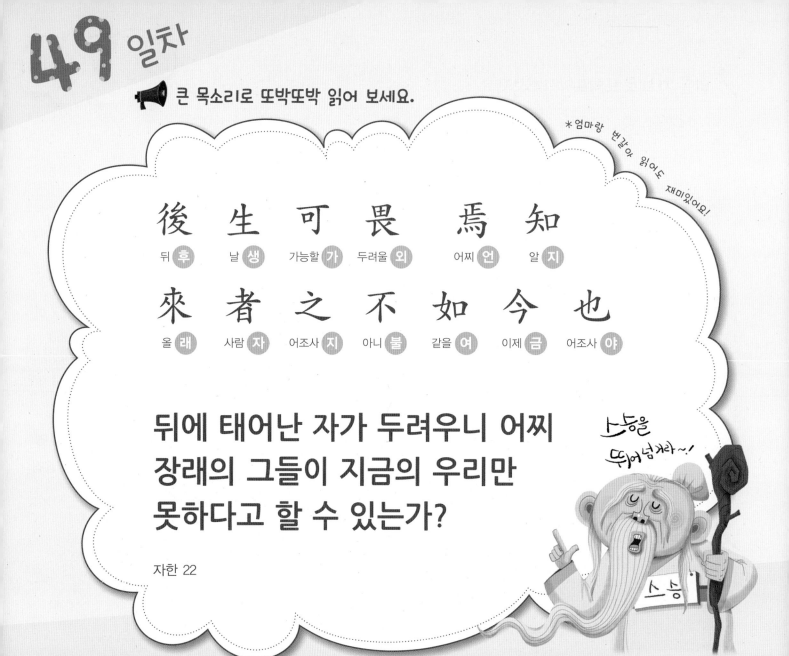

🔊 큰 목소리로 또박또박 읽어 보세요.

＊엄마랑 번갈아 읽어도 재미있어요!

後 生 可 畏 焉 知
뒤 **후**　날 **생**　가능할 **가**　두려울 **외**　어찌 **언**　알 **지**

來 者 之 不 如 今 也
올 **래**　사람 **자**　어조사 **지**　아니 **불**　같을 **여**　이제 **금**　어조사 **야**

뒤에 태어난 자가 두려우니 어찌 장래의 그들이 지금의 우리만 못하다고 할 수 있는가?

자한 22

형이라고 해서 동생보다 더 많이 알고 있을까? 꼭 그렇지만은 않단다. 동물에 관심이 많은 동생이라면 형보다 동물에 관한 책을 훨씬 많이 읽었을 거야. 지식은 나이 순서대로 차곡차곡 쌓이는 게 아니란다. 배우고 노력해야 얻어지는 것이지. 물이 흐르지 않고 고여 있으면 썩은 물이 되듯이, 배운 것도 그대로 두면 쓸데없는 낡은 지식이 된단다. 그러니 우리는 계속 배우고 배운 것을 활용해야 해. 만약 그게 귀찮다고 새롭게 배우지도 활용하지도 않으면 새로운 지식을 더 많이 가진 후배들에게 금방 뒤처지고 말 거야. 그러니 더욱 부지런히 배우고 노력하렴.

'청출어람(靑出於藍)'이라는 말이 있어. 푸른색은 쪽에서 나왔다는 뜻인데, 쪽에서 나온 푸른색이 쪽빛보다 더 진하고 선명하단다. 쪽은 스승을 뜻하고 푸른색은 제자를 의미해. 제자가 스승보다 더 뛰어나다는 뜻이지. '후생가외(後生可畏)'가 선배와 후배의 관계라면 청출어람은 스승과 제자의 관계란다.

✏️ 바른 자세로 또박또박 써 보세요.

한 번 쓰고	뒤	에		태	어	난		자	가		두	려	우
	니		어	찌		장	래	의		그	들	이		지
	금	의		우	리	만		못	하	다	고		할
	수		있	는	가	?

또 쓰고

📖 어휘 마당

後 뒤 후
예 후진

生 날 생
예 인생

畏 두려울 외
예 경외

來 올 래
예 내일, 미래

者 사람 자
예 학자

今 이제 금
예 금일

늘어 날아가기 전에 잡아 볼까?

✏️ 마무리는 외워서, 한자 원문도 따라 써 보세요.

마무리

後生可畏
焉知來者之不如今也

1 등입니다! 신기록 달성입니다. 한국 육상 25년 만의 쾌거입니다!

*엄마랑 번갈아 읽어도 재미있어요!

君 子 和 而 不 同

임금 **군**　　아들 **자**　　조화로울 **화**　　말이을 **이**　　아니 **부**　　같을 **동**

군자는 조화로움을 추구하지만 같기는 구하지 않는다.

자로 23

음악은 조화야!

음~ 좋아.. 안안데..

생각 다지기

"우리끼리는 모두 빨간색 옷을 입고 다니자."

"우리끼리 같은 신발을 신고 다니자."

친한 친구들이 이런 말을 하면 어떻게 해야 할까? 친구와 사이좋게 지내야 하기는 하지만, 그렇다고 내가 좋아하는 것이 아닌데도 불구하고 모든 것을 똑같이 할 필요는 없어. 반대로 친구에게도 나와 똑같이 하자고 강요해서도 안 된단다.

서로 다른 점을 인정해 주고 친구의 다른 생각도 존중해 주어야 해. 오케스트라는 각기 다른 악기들이 각자의 악보를 연주했을 때 가장 멋진 음악을 만들어 낸단다. 사람 사이의 관계도 마찬가지야. 각자의 다른 점들이 모두 어우러졌을 때 가장 아름다운 세상이 만들어지는 거야.

생각 넓히기

'화이부동(和而不同)'이란 남과 어울리면서도 자기 입장을 지킨다는 뜻으로 쓰여. 반대로 '동이불화(同而不和)'는 겉으로는 같은 뜻을 보이면서 속으로는 다른 마음을 품는 것을 말해. 소인(小人)이 하는 행동이지. 소인은 이익 앞에서는 같이하는 듯 보이지만 실제로는 서로 다른 마음을 품고 있단다.

✏️ 바른 자세로 또박또박 써 보세요.

내
차례

군	자	는		조	화	로	움	을		추	구	하
지	만		같	기	는		구	하	지		않	는	다	.

✏️ 뜻을 생각하며 천천히 써 보세요.

엄마
차례

| |
| |
| |

명필과 났지요~!

✏️ 마무리는 외워서, 한자 원문도 따라 써 보세요.

마무리

| |
| |
| |

君子 和而不同

🧽 어휘 마당

和 조화로울 화
예 화목

不 아니 부
예 부조리,
부조화

同 같을 동
예 동생, 동기

지구는   다양한   인종들이   조화롭게   살아가는 곳이야~.

기적의 명문장 따라쓰기 – 논어 편

The Miracle Handwriting Sentences:
The Analects of Confucius

초판 1쇄 발행 2015년 6월 30일
초판 14쇄 발행 2023년 9월 1일

지은이 박수밀
발행인 이종원
발행처 길벗스쿨
출판사 등록일 2006년 6월 16일
주소 서울시 마포구 월드컵로 10길 56(서교동 467-9)
대표 전화 02)332-0931 **팩스** 02)323-0586
홈페이지 www.gilbutschool.co.kr **이메일** gilbut@gilbut.co.kr

기획 및 책임 편집 신경아(skalion@gilbut.co.kr) **제작** 이준호, 손일순, 이진혁, 김우식
영업마케팅 문세연, 박다슬 **웹마케팅** 박달님, 정유리, 이재윤 **영업관리** 정경화 **독자지원** 윤정아, 최희창

디자인 눈디자인(www.noondesign.com) **일러스트** 김태형
전산편집 지누커뮤니케이션 **CTP출력/인쇄** 영림인쇄 **제본** 영림제본

ISBN 979-11-6406-559-2 63710
길벗스쿨 도서번호 10904

가격 : 13,000원

독자의 1초를 아껴주는 정성 **길벗출판사**

길벗스쿨 | 국어학습서, 수학학습서, 유아콘텐츠유닛, 주니어어학1/2, 어린이교양1/2, 교과서, 길벗스쿨콘텐츠유닛
길벗 | IT실용서, IT/일반 수험서, IT 전문서, 경제실용서, 취미실용서, 건강실용서, 자녀교육서
더퀘스트 | 인문교양서, 비즈니스서
길벗이지톡 | 어학단행본, 어학수험서

子曰, 學而時習之, 不亦說乎?
자왈 학이시습지 불역열호

有朋自遠方來, 不亦樂乎?
유붕자원방래 불역락호

人不知而不慍, 不亦君子乎?
인부지이불온 불역군자호

1

子曰,
자왈

溫故而知新, 可以爲師矣.
온고이지신 가이위사의

2

子曰,
자왈

學而不思則罔, 思而不學則殆.
학이불사즉망 사이불학즉태

3/4

子曰, 由! 誨女知之乎?
자왈 유 회여지지호

知之爲知之, 不知爲不知,
지지위지지 부지위부지

是知也.
시지야

5

子曰 朝聞道, 夕死可矣.
자왈 조문도 석사가의

6

子貢問曰, 孔文子何以謂之文也?
자공문왈 공문자하이위지문야

子曰, 敏而好學, 不恥下問,
자왈 민이호학 불치하문

是以謂之文也.
시이위지문야

7

공자가 말했다.
"옛것을 배우고 새것을 알면
스승이 될 만하다."

위정 11

18쪽
참고

공자가 말했다.
"배우고 때마다 그것을 익히면
기쁘지 않겠는가.
벗이 먼 곳에서도 찾아오면
또한 즐겁지 않겠는가.
사람들이 알아주지 않아도 화내지 않으니
또한 군자답지 아니한가."

학이 1

16쪽
참고

공자가 말했다.
"유야, 너에게 안다는 것이 무엇인지 가르쳐 주랴?
아는 것을 안다고 하고 모르는 것을
모른다고 하는 것, 이것이 아는 것이다."

위정 17

24쪽
참고

공자가 말했다.
"배우기만 하고
생각하지 않으면 얻는 것이 없고,
생각하기만 하고 배우지 않으면 위험하다."

위정 15

20,22쪽
참고

자공이 물었다.
"공문자를 무엇 때문에
문(文)이라고 부르도록 하셨습니까?"
공자가 말했다.
"민첩하면서 배우기를 좋아하고,
아랫사람에게 묻는 것을 부끄러워하지 않는다.
그 때문에 그를 문(文)이라 일컫은 것이다."

공야장 14

28쪽
참고

공자가 말했다.
"아침에 도를 들으면 저녁에 죽어도 좋다."

이인 8

26쪽
참고

子曰,
자 왈

不憤不啓, 不悱不發.
불 분 불 계　　불 비 불 발

擧一隅,
거 일 우

不以三隅反, 則不復也.
불 이 삼 우 반　　즉 불 부 야

8

葉公問孔子於子路, 子路不對.
섭 공 문 공 자 어 자 로　　자 로 부 대

子曰, 女奚不曰, 基爲人也,
자 왈　　여 해 불 왈　　기 위 인 야

發憤忘食, 樂以忘憂,
발 분 망 식　　낙 이 망 우

不知老之將至云爾?
부 지 로 지 장 지 운 이

9

子曰, 學如不及, 猶恐失之.
자 왈　　학 여 불 급　　유 공 실 지

10

子曰, 巧言令色, 鮮矣仁.
자 왈　　교 언 영 색　　선 의 인

11

子曰,
자 왈

君子不重則不威, 學則不固.
군 자 부 중 즉 불 위　　학 즉 불 고

主忠信, 無友不如己者,
주 충 신　　무 우 불 여 기 자

過則勿憚改.
과 즉 물 탄 개

12

子曰,
자 왈

君子食無求飽, 居無求安,
군 자 식 무 구 포　　거 무 구 안

敏於事而愼於言,
민 어 사 이 신 어 언

就有道而正焉, 可謂好學也已.
취 유 도 이 정 언　　가 위 호 학 야 이

13

섭공이 자로에게 공자에 대해 물었는데
자로가 대답하지 못했다.
공자가 말했다.
"너는 어찌 '그 사람됨이, 배우기를 좋아해서
마음과 힘을 다하느라 먹는 것도 잊고,
즐거워하여 걱정거리도 잊으며,
늙어 가는 것도 알지 못한다.'고
말하지 않았느냐?"

술이 18

32쪽
참고

공자가 말했다.
"스스로 알려고 노력하지 않으면
가르쳐 주지 않고, 말로 표현하려고
애쓰지 않으면 말해 주지 않는다.
한 귀퉁이를 들어주었는데 세 귀퉁이를
생각하지 못하면 다시 알려 주지 않는다."

술이 8

30쪽
참고

공자가 말했다.
"말을 아름답게 꾸미고
얼굴빛을 좋게 하는 사람치고
어진 이가 드물다."

학이 3

38쪽
참고

공자가 말했다.
"배움은 따라가지 못할 듯이 하면서도
행여 때를 놓칠까 두려워해야 한다."

태백 17

34쪽
참고

공자가 말했다.
"군자는 먹는 일에 배부름을 구하지 않고
사는 데 편안함을 구하지 않는다.
일이 민첩하고 말을 조심하며,
도를 가진 자에게 나아가서
자기의 잘못된 점을 바로잡는다면
배우기를 좋아한다고 이를 만하다."

학이 14

42쪽
참고

공자가 말했다.
"군자가 신중하지 않으면 위엄이 없으며,
배우면 고루하지 않게 된다.
충과 신을 중시할 것이며,
자기만 못한 자를 벗하지 말 것이며,
잘못이 있으면 고치기를 주저하지 마라."

학이 8

40쪽
참고

子曰,
자 왈

君子欲訥於言, 而敏於行.
군 자 욕 눌 어 언   이 민 어 행

14

子夏爲莒父宰, 問政.
자 하 위 거 부 재   문 정

子曰, 無欲速, 無見小利.
자 왈   무 욕 속   무 견 소 리

欲速則不達, 見小利則大事不成.
욕 속 즉 부 달   견 소 리 즉 대 사 불 성

15/16

子貢曰, 如有博施於民, 而能濟衆, 何如?
자 공 왈   여 유 박 시 어 민   이 능 제 중   하 여

可謂仁乎?
가 위 인 호

子曰, 何事於仁, 必也聖乎! 堯舜其猶病諸.
자 왈   하 사 어 인   필 야 성 호   요 순 기 유 병 저

夫仁者, 己欲立而立人, 己欲達而達人.
부 인 자   기 욕 립 이 립 인   기 욕 달 이 달 인

能近取譬, 可謂仁之方也已.
능 근 취 비   가 위 인 지 방 야 이

17

孔子曰, 君子有九思.
공 자 왈   군 자 유 구 사

視思明, 聽思聰, 色思溫, 貌思恭,
시 사 명   청 사 총   색 사 온   모 사 공

言思忠, 事思敬, 疑思問,
언 사 충   사 사 경   의 사 문

忿思難, 見得思義.
분 사 난   견 득 사 의

18

孔子曰, 見善如不及, 見不善如探湯,
공 자 왈   견 선 여 불 급   견 불 선 여 탐 탕

吾見其人矣, 吾聞其語矣.
오 견 기 인 의   오 문 기 어 의

隱居以求其志, 行義以達其道,
은 거 이 구 기 지   행 의 이 달 기 도

吾聞其語矣, 未見其人也.
오 문 기 어 의   미 견 기 인 야

19

子曰, 非其鬼而祭之, 諂也.
자 왈   비 기 귀 이 제 지   첨 야

見義不爲, 無勇也.
견 의 불 위   무 용 야

20

자하가 거보의 장이 되어
정치에 대해 묻자, 공자가 말했다.
"서두르지 말고, 작은 이익을 탐내지 마라.
서두르면 달성하지 못하고,
작은 이익을 탐내면 큰일을 이루지 못한다."

자로 17

46,48쪽
참고

공자가 말했다.
"군자는 말은 조심스럽게 하고
행동은 재빠르고자 한다."

이인 24

44쪽
참고

공자가 말했다.
"군자는 아홉 가지 생각하는 것이 있다.
볼 때는 똑똑히 볼 것을 생각하고,
들을 때는 확실하게 듣기를 생각하며,
얼굴빛은 부드러울 것을 생각하고,
태도는 겸손하기를 생각하며,
말은 충실할 것을 생각하고, 일은 조심스러울 것을 생각하고,
의심스러운 것은 물어볼 것을 생각하며,
화가 날 때는 어려움에 처하게 될 결과를 생각하고,
이익을 얻을 때는 의로운 것인가를 생각한다."

계씨 10

52쪽
참고

자공이 말했다. "만약 백성에게 널리 은혜를 베풀어
많은 사람을 구제할 수 있다면 어떻겠습니까?
'인'이라고 할 수 있습니까?"
공자가 말했다.
"어찌 인에만 해당되는 일이겠는가. 반드시 성인에
이른 것이다. 요순도(그렇게 하는 것을) 어렵다고 여겼다.
무릇 어진 자는 내가 서고자 하면 남을 세워 주고 내가
이루고자 하면 남을 이루게 해 준다.
가까운 자신을 미루어 남의 처지를 알아차린다면,
인을 실천하는 방법이라고 할 만하다."

옹야 28

50쪽
참고

공자가 말했다.
"제사를 지내야 할 귀신이 아닌데
제사를 지내는 것은 아첨하는 것이고,
옳은 일을 보고 행동하지 않는 것은
용기가 없는 것이다."

위정 24

56쪽
참고

공자가 말했다.
"'착한 것을 보면 따라잡지 못하는 듯이 하고,
착하지 못한 것을 보면 끓는 물에 손을
집어넣은 듯이 한다.'고 하는데, 나는 이런 사람을
보기도 했고, 이런 말을 듣기도 했다.
'숨어 살면서도 그 뜻을 구해야 하고,
의를 행하여 그 이상을 달성한다.'고 하는데,
나는 이런 말을 들었으나
이런 사람을 보지는 못했다."

계씨 11

54쪽
참고

子曰,
자왈

不患人之不己知, 患其不能也.
불환인지불기지　환기불능야

21

子曰, 不患無位, 患所以立.
자왈　불환무위　환소이립

不患莫己知, 求爲可知也.
불환막기지　구위가지야

22

子曰, 吾十有五而志于學,
자왈　오십유오이지우학

三十而立, 四十而不惑,
삼십이립　사십이불혹

五十而知天命, 六十而耳順,
오십이지천명　육십이이순

七十而從心所欲, 不踰矩.
칠십이종심소욕　불유구

23

宰予晝寢, 子曰, 朽木不可雕也,
재여주침　자왈　후목불가조야

糞土之墻, 不可杇也, 於予與何誅?
분토지장　불가오야　어여여하주

子曰, 始吾於人也, 聽其言而信其行,
자왈　시오어인야　청기언이신기행

今吾於人也, 聽其言而觀其行.
금오어인야　청기언이관기행

於予與改是.
어여여개시

24

子曰, 人無遠慮, 必有近憂.
자왈　인무원려　필유근우

25

子曰, 性相近也, 習相遠也.
자왈　성상근야　습상원야

26

공자가 말했다.
"지위가 없음을 걱정하지 말고
지위에 설 수 있는 능력이 있는지를 걱정하라.
자기를 알아주지 않음을 근심하지 말고
알아줄 만한 바탕을 갖추어라."

이인 14

공자가 말했다.
"남이 나를 알아주지 않음을 걱정하지 말고
자신이 능하지 못함을 걱정하라."

헌문 32

재여가 낮잠을 자니 공자가 말했다.
"썩은 나무에는 조각을 할 수 없다.
썩은 흙으로 만든 담장은 손질할 수가 없으니
재여에게 무엇을 꾸짖겠는가?"
공자가 말했다.
"처음에 나는 사람의 말을 들으면 그의 행실을
믿었는데 이제는 사람의 말을 들으면
그의 행실까지 살피게 되었다.
재여 때문에 그 방법을 바꾸었다."

공야장 9

공자가 말했다.
"나는 열다섯 살에 학문에 뜻을 두었다.
서른 살에 자립하였고,
마흔 살에 모든 사리 판단에 의혹하지 않았다.
쉰 살에 하늘의 뜻을 알았고,
예순 살에 모든 일을 들으면
마음에 통하여 거슬림이 없었으며,
일흔 살에는 마음이 하고 싶은 대로 해도
법도를 넘지 않았다."

위정 4

공자가 말했다.
"천성은 서로 비슷하나
습관으로 큰 차이가 생긴다."

양화 2

공자가 말했다.
"사람이 멀리까지 헤아리지 않으면
반드시 가까운 근심이 있게 된다."

위령공 11

子曰, 譬如爲山, 未成一簣,
자왈 비여위산 미성일궤

止, 吾止也.
지 오지야

譬如平地, 雖覆一簣,
비여평지 수복일궤

進, 吾往也.
진 오왕야

27

子曰, 不在其位, 不謀其政.
자왈 부재기위 불모기정

28

子曰, 人能弘道, 非道弘人.
자왈 인능홍도 비도홍인

29

子曰, 父母之年, 不可不知也.
자왈 부모지년 불가부지야

一則以喜, 一則以懼.
일즉이희 일즉이구

30

子貢問曰,
자공문왈

有一言而可以終身行之者乎?
유일언이가이종신행지자호

子曰, 其恕乎!
자왈 기서호

己所不欲, 勿施於人.
기소불욕 물시어인

31

子曰, 君子謀道, 不謀食.
자왈 군자모도 불모식

耕也, 餒在其中矣,
경야 뇌재기중의

學也, 祿在其中矣,
학야 녹재기중의

君子, 憂道不憂貧.
군자 우도불우빈

32

공자가 말했다.
"그 자리에 있지 않으면
그 일을 맡지 않아야 한다."

태백 14

74쪽
참고

공자가 말했다.
"비유하자면 산을 만들 때 한 삽을 부어
완성하지 못하고 그만두는 것도
내가 그만두는 것이다.
비유하자면 산을 만들기 위해 평탄한 땅에
한 삽을 부어 나아가는 것도
내가 나아가는 것이다."

자한 18

72쪽
참고

공자가 말했다.
"부모님의 나이는 항상 알고 있어야 한다.
한편으로는 그 때문에 기쁘고,
한편으로는 그 때문에 두렵다."

이인 21

78쪽
참고

공자가 말했다.
"사람이 도를 넓히는 것이지
도가 사람을 넓히는 것이 아니다."

위령공 28

76쪽
참고

공자가 말했다.
"군자는 도를 도모하고 밥을 도모하지 않는다.
농사를 지어도 굶주림이 있을 수 있고, 배우면
녹이 그 가운데 있으므로,
군자는 도를 걱정하지
가난은 걱정하지 않는다."

위령공 31

84쪽
참고

자공이 물었다.
"한마디 말로 종신토록 행할 만한 것이
있습니까?"
공자가 말했다.
"그것은 '서'일 것이다.
내가 하고 싶지 않은 것을
남에게 시키지 마라."

위령공 23

82쪽
참고

子曰, 君子不器.
자왈　군자불기

子曰,
자왈

歲寒然後, 知松柏之後彫也.
세한연후　지송백지후조야

子曰,
자왈

君子成人之美, 不成人之惡,
군자성인지미　불성인지악

小人反是.
소인반시

子貢問, 師與商也孰賢?
자공문　사여상야숙현

子曰, 師也過, 商也不及.
자왈　사야과　상야불급

曰, 然則師愈與?
왈　연즉사유여

子曰, 過猶不及.
자왈　과유불급

子路問成人, 子曰, 若臧武仲之知, 公綽之不欲,
자로문성인　자왈　약장무중지지　공작지불욕

卞莊子之勇, 冉求之藝, 文之以禮樂,
변장자지용　염구지예　문지이예악

亦可以爲成人矣.
역가이위성인의

曰, 今之成人子, 何必然? 見利思義, 見危授命,
왈　금지성인자　하필연　견리사의　견위수명

久要不忘平生之言, 亦可以爲成人矣.
구요불망평생지언　역가이위성인의

子曰,
자왈

人之生也直.
인지생야직

罔之生也, 幸而免.
망지생야　행이면

33

34

35

36

37

38v

공자가 말했다.
"날씨가 추워진 뒤에야
소나무와 잣나무가 다른 나무보다
뒤늦게 시든다는 것을 안다."

자한 27

88쪽
참고

공자가 말했다.
"군자는 한 가지 용도로만
쓰이는 그릇이 아니다."

위정 12

86쪽
참고

자공이 물었다.
"사(자장)와 상(자하)은 누가 낫습니까?"
공자가 대답했다.
"사는 지나치고 상은 미치지 못한다."
"그렇다면 사가 낫습니까?"
공자가 말했다.
"지나친 것은 미치지 못한 것과 같다."

선진 15

92쪽
참고

공자가 말했다.
"군자는 남의 아름다움을 이루게 하고
남의 악함은 이루지 못하게 한다.
소인은 이와 반대로 한다."

안연 16

90쪽
참고

공자가 말했다.
"사람이 살아가는 바탕은 정직이다.
정직하지 않게 사는 것은
용케 화를 면하는 것일 뿐이다."

옹야 17

96쪽
참고

자로가 성인(완전한 사람)에 대하여 물으니, 공자가 말했다.
"장무중의 지혜와 공작의 탐욕하지 않음과
변장자의 용기와 염구의 재능을 갖추고
예악으로 수양하면, 또한 성인이라고 할 수 있다."
또 말했다. "오늘날 성인이란 어찌 반드시 그러할 것이
있겠느냐?
이익을 보면 정의를 생각하고 위태로움을 보면 목숨을 바치며,
오래된 약속이라도 평소에 그 말을 잊지 않으면 또한 성인이라
이를 수 있을 것이다."

헌문 13

94쪽
참고

子曰,
자 왈

君子求諸己, 小人求諸人.
군 자 구 저 기　소 인 구 저 인

39

子曰,
자 왈

衆惡之, 必察焉,
중 오 지　필 찰 언

衆好之, 必察焉.
중 호 지　필 찰 언

40

子曰,
자 왈

三人行, 必有我師焉.
삼 인 행　필 유 아 사 언

擇其善者而從之, 其不善者而改之.
택 기 선 자 이 종 지　기 불 선 자 이 개 지

41

子曰,
자 왈

德不孤, 必有隣.
덕 불 고　필 유 린

42

子曰,
자 왈

父母在, 不遠遊, 遊必有方.
부 모 재　불 원 유　유 필 유 방

43

子游曰,
자 유 왈

事君數斯辱矣,
사 군 삭 사 욕 의

朋友數斯疏矣.
붕 우 삭 사 소 의

44

공자가 말했다.
"여러 사람이 미워해도 반드시 살피며
여러 사람이 좋아해도 반드시 살펴야 한다."

위령공 27

100쪽
참고

공자가 말했다.
"군자는 자기에게 구하고
소인은 남에게 구한다."

위령공 20

98쪽
참고

공자가 말했다.
"덕이 있는 사람은 외롭지 않으니
반드시 따르는 이웃이 있다."

이인 25

106쪽
참고

공자가 말했다.
"세 사람이 길을 가면 그중에
반드시 내 스승이 있다.
그 선한 것은 찾아서 따르고,
선하지 않은 것은(거울로 삼아 나의 허물을)
고친다."

술이 21

104쪽
참고

자유가 말했다.
"임금을 섬김에 자주 간하면 욕을 당하고,
친구를 사귐에 충고를 자주 하면
사이가 멀어진다."

이인 26

110쪽
참고

공자가 말했다.
"부모가 살아 계시면
먼 데 가서 놀지 아니하며,
놀더라도 일정한 장소에
있어야 한다."

이인 19

108쪽
참고

葉公語孔子曰，吾黨有直躬者，
섭 공 어 공 자 왈　오 당 유 직 궁 자

其父攘羊，而子證之.
기 부 양 양　이 자 증 지

孔子曰，吾黨之直者，異於是.
공 자 왈　오 당 지 직 자　이 어 시

父爲子隱，子爲父隱，直在其中矣.
부 위 자 은　자 위 부 은　직 재 기 중 의

45

孔子曰，益者三友，損者三友.
공 자 왈　익 자 삼 우　손 자 삼 우

友直，友諒，友多聞，益矣.
우 직　우 량　우 다 문　익 의

友便辟，友善柔，友便佞，損矣.
우 편 벽　우 선 유　우 편 녕　손 의

46

周公謂魯公曰，君子不施其親，
주 공 위 노 공 왈　군 자 불 이 기 친

不使大臣怨乎不以，
불 사 대 신 원 호 불 이

故舊無大故，則不棄也，
고 구 무 대 고　즉 불 기 야

無求備於一人.
무 구 비 어 일 인

47

子曰，
자 왈

晏平仲，善與人交，久而敬之.
안 평 중　선 여 인 교　구 이 경 지

48

子曰，後生可畏，
자 왈　후 생 가 외

焉知來者之不如今也？
언 지 래 자 지 불 여 금 야

四十五十而無聞焉，
사 십 오 십 이 무 문 언

斯亦不足畏也已.
사 역 부 족 외 야 이

49

子曰，
자 왈

君子和而不同，
군 자 화 이 부 동

小人同而不和.
소 인 동 이 불 화

50

공자가 말했다.
"유익한 벗이 세 부류가 있고,
해로운 벗도 세 부류가 있다.
정직한 사람을 벗하며 성실한 사람을 벗하며
견문이 넓은 사람을 벗하면 유익하다.
겉치레만 잘하고 잘 굽히는 사람을 벗하고
아첨과 아양을 잘 떠는 사람을 벗하며
말만 잘하고 속이 여물지 못한 사람을
벗하면 해롭다."

계씨 4

114쪽
참고

섭공이 공자에게 말했다.
"우리 고을에 정직함을 실천하는 사람이
있습니다. 그의 아버지가 양을 훔쳤는데,
아들이 그것을 입증해 주었습니다."
공자가 말했다.
"우리 고을의 정직한 것은 이와 다르다.
아버지는 자식을 위해 숨겨 주고
자식은 아버지를 위해 숨겨 준다.
정직함은 그 속에 있다."

자로 18

112쪽
참고

공자가 말했다.
"안평중은 남과 사귀는 것을 잘한다.
오래된 사이라도 공경한다."

공야장 16

118쪽
참고

주공이 노공에게 말했다.
"군자는 친척을 버리지 않고,
대신으로 하여금 써 주지 않음을
원망하지 않으며,
옛 친구는 큰 잘못이 없는 한 버리지 않는다.
또한 한 사람에게 다 갖추기를
요구하지 않는다."

미자 10

116쪽
참고

공자가 말했다.
"군자는 조화로움을 추구하지만
같기는 구하지 않는다.
소인은 똑같아지기를 좋아하되
조화롭게 하지는 못한다."

자로 23

122쪽
참고

공자가 말했다.
"뒤에 태어난 자가 두려우니
어찌 장래의 그들이 지금의 우리만
못하다고 할 수 있는가?
그러나 마흔이나 쉰이 되어서도
세상에 이름이 나지 않는다면 이 또한
두려워할 것이 못 된다."

자한 22

120쪽
참고